JN326839

## La cuisine marocaine

# モロッコの台所

エットハミ・ムライ・アメド／寺田なほ

アノニマ・スタジオ

## はじめに

　モロッコタイルの色の組み合わせの美しさに、つい時間を忘れて立ち止まることがある。自分では想像もしなかった絶妙な色の組み合わせに、「やられた」と感じるのだ。これは想像もしないような食材を組み合わせて、おいしいものを食べるのが好きな人達をうならせるモロッコ料理も同じだ。皿の上には、長い歴史とベルベル民族の伝統、そして移民達がもたらした食材や文化の影を、舌で味わう楽しみがある。

　僕は、長い間モロッコで料理人達に料理を教えてきた。今は日本でモロッコカフェの店主をしながら、定期的に料理教室を開催している。モロッコ料理は日本で手に入る食材でも簡単に作れて身体にも良いのに、まだ食べたことのない人が多い。でも、それはとてももったいない。たった数種類のスパイスが素材の味を引き出し、どの料理も「へえぇ」と感心させられる優しい味わいに仕上がる。炭火で柔らかく煮込まれるタジン、もっちり蒸し上がったクスクス、新鮮な魚料理など、モロッコ料理の世界をのぞいてみてほしい。

　モロッコを愛する人、モロッコを旅したい人、いつかいつかと夢みる人、モロッコという言葉になぜか心が惹かれる人、すべての人にこの本を捧げたい。この本で、美しい料理と幻想的な街並の国を旅してほしい。

**ヤッサラーム　アラ　ファンニ　アッタアーム**
（素晴らしい料理を楽しむことは、素晴らしい芸術を楽しむことと同じである）

パティスリーmomo/café du macoc MOMO店主
エットハミ・ムライ・アメド
寺田なほ

# تَنَوُّع اَلْأَطْبَاق اَلْمَغْرِبِيَّة

# Contents

- 2 はじめに
- 6 基本情報＆MAP

## Chapter 1
### 8 お皿に盛られた多様な文化

- 10 モロッコ料理
  親から子へ、受け継がれる味
- 14 歴史
  さまざまな食文化の交差
- 18 ベルベル民族
  自然と寄り添う暮らしかた
- 22 宗教
  命をいただくことに感謝する習慣
- 26 テーブルウエア
  丸テーブルを囲む食事の時間
  食卓を彩る刺繍と陶器

## Chapter 2
### 30 食べて旅するモロッコ

- 32 タジン
  食材のおいしさがつまった料理
  バリエーション豊かなタジン
- 36 クスクス
  小麦が香る黄金色の極小パスタ
  クスクスの種類
- 40 宮廷料理
  美しい料理に囲まれる至福のひととき
  おもてなしのテーブルウエア
- 44 郷土料理
  各地で出合うモロッコの味
- 48 魚料理
  新鮮な魚を食べる港町
- 50 パン
  パン焼き窯の思い出
  食事にも、おやつにも、欠かせないパン
  ■パンとおとも
- 56 スパイスマーケット
  モロッコ料理の味の決め手
  スパイス屋が誇るスペシャルスパイス
  モロッコの隠し味
  ■スパイス図鑑
- 62 ハーブマーケット
  素敵な香りに包まれて、心も身体もリフレッシュ
  ■ハーブ図鑑
- 66 オリーブ
  艶やかに輝く、自然の恵み
- 70 ミントティー
  爽やかな香りの甘いお茶
  ティーセットのデザイン
  お気に入りのティーグラス
- 76 カフェ
  モロッコ人男性の社交場
  ■カフェドリンク
- 80 おやつ
  しっかり甘いおやつのおいしさ
  季節を味わうフレッシュフルーツ
  スークに並ぶドライフルーツ
- 84 伝統菓子
  色も形もかわいい、ティータイムのおとも
  伝統菓子の作りかた
  ■伝統菓子図鑑

| | | | |
|---|---|---|---|
| 90 | Chapter 3 | 作って味わう モロッコ料理 | |

| | | |
|---|---|---|
| 94 | 01 | レモンコンフィ |
| 95 | 02 | チキンとレモンとオリーブのタジン |
| 98 | 03 | ビーフとプルーンとアーモンドのタジン |
| 102 | 04 | ケミア |
| | 05 | ザルーク |
| | 06 | チュクチュカ |
| | 07 | サラダヒーゾ |
| | 08 | ルビア |
| | 09 | サラダバタタ |
| 105 | 10 | ベルベルオムレツ |
| 108 | 11 | 野菜のクスクス |
| 111 | 12 | バトボット |
| 113 | 13 | オレンジのサラダ |
| 116 | 14 | ナッツのおやつ |
| | 15 | ヘーゼルナッツのキャラメリゼ |
| | 16 | アーモンドのチョコレートキャラメリゼ |
| 117 | 17 | デーツヨーグルト |
| 119 | 18 | フッカース |
| 121 | 19 | ゴリーバ |
| 125 | | おわりに |

＊ 本書内ではタイトルなどにモロッコアラビア語、地名などはフランス語のアルファベットで統一しています。

## MAROC 基礎データ

```
         人口： 33,063万人（2014年）
         言語： アラビア語（公用語）、ベルベル語（公用語）、フランス語
   人種・民族： アラブ人（65%）、ベルベル人（30%）
         宗教： イスラム教スンニ派がほとんど
         政体： 立憲君主制
         元首： モハメッド6世（Mohammed VI）国王
     主要都市： 首都 ラバト（約65万人）、カサブランカ（約400万人）、
               フェズ（約100万人）、マラケシュ（約100万人）
         通貨： DH（ディラハム）（1DHは約12円）
         気候： 海岸沿いは地中海性気候、
               内陸部は砂漠気候（雨期は11月〜3月）
```

Afrique

**Eljadida**
エルジャディータ

**Safi**
サフィ

**Essaouira**
エッサウィラ

アルガンオイル

**Marrakech**
マラケシュ

**Agadir**
アガディール

オリーブ

Atlantique
大西洋

イワシ

**Tiznit**
ティズニット

|  |  |
|---|---|
| Cadix | カディス |
| Gibraltar | ジブラルタル |
| Espagne | スペイン |
| Tanger | タンジェ |
| Asilah | アシラ |
| Tétouan | テトゥアン |
| Chefchaouen | シャウエン |
| Méditerranée | 地中海 |
| Rabat | ラバト |
| Casablanca | カサブランカ |
| Meknès | メクネス |
| Fes | フェズ |
| Oujda | ウジダ |
| MAROC | モロッコ |
| Ouarzazate | ワルザザート |
| Tafilalte | タフィラート |
| Algérie | アルジェリア |

ピーナッツ　麦　ひよこ豆　そら豆　養鶏　ソーセージ　アーモンド　セモリナ粉

基本情報&MAP　7

## Chapter 1

### お皿に盛られた多様な文化

さまざまな国の文化が交じり合い、長い時間をかけて作りあげられていったモロッコ料理。豊かな大地の恵み、親から子へ伝えられる味、受け継がれる習慣……。この国にはゆったりと流れる時間のなかで育まれた独自の食文化がある。

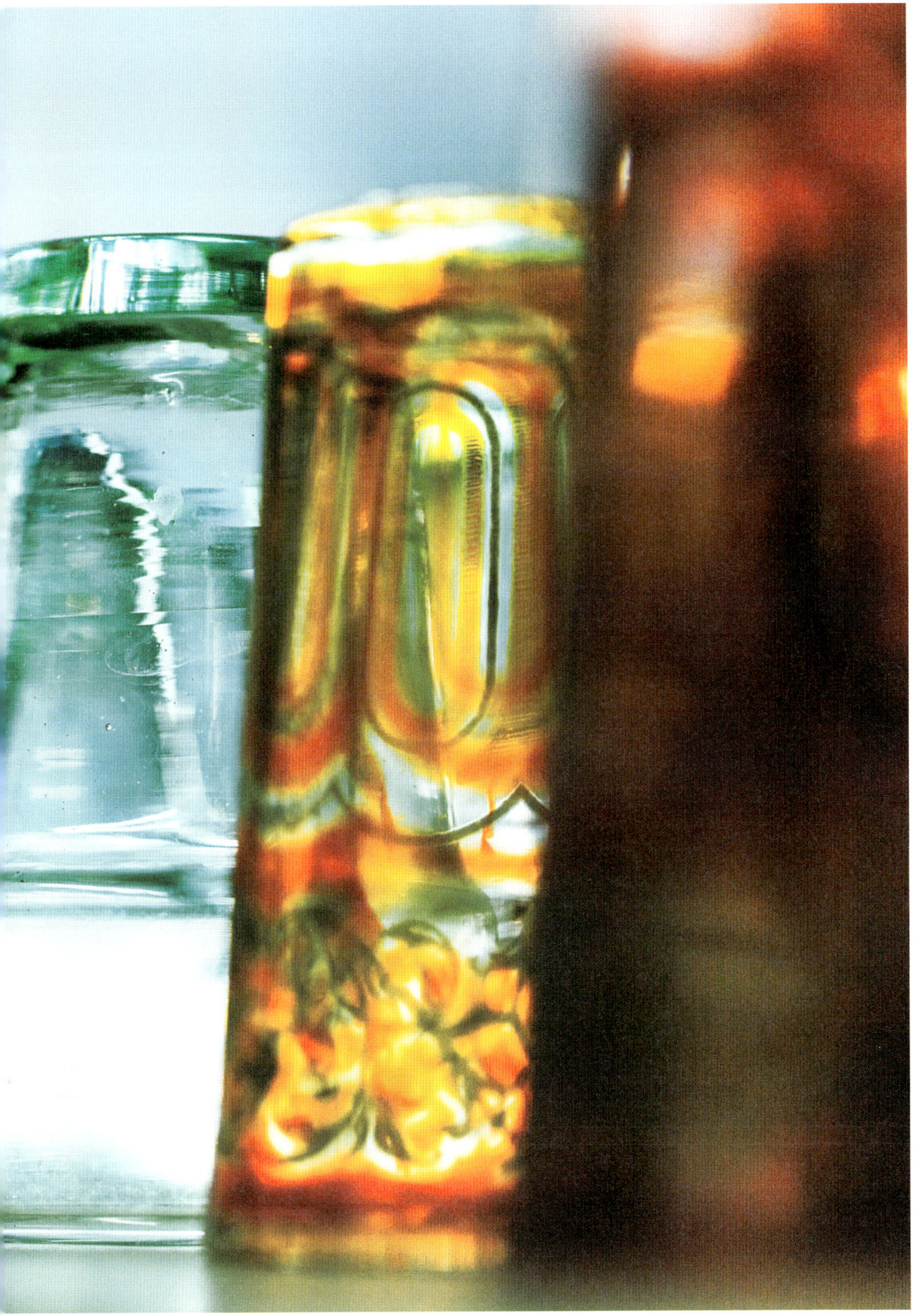

اَلطَّبْخُ اَلْمَغْرِبِي
# モロッコ料理

## 親から子へ、受け継がれる味

　モロッコ料理を食べて育った僕が、一番身近なこの料理の美しさとおいしさをきちんと認識したのは、日本に来てからのように感じる。日本料理の美しさはモロッコ料理の美しさとはまた違うものだけれど、2つの料理はともに素材の味を活かすことを大切にする点で共通している。

　食べることを愛する人や舌の肥えた料理人が「モロッコ料理は、世界でも洗練された雰囲気と味を持っている」と口にするのを幾度も聞いてきた。僕が思うに、それはモロッコという国が、遊牧民であるベルベル民族の文化に、いろいろな国や民族の文化を交じり合わせながら、独特の文化を創りあげていったからだ。例えば、ヨーロッパだとスペインやフランス、アラブだとペルシャ（現イラン）からの文化の影響が大きいようだ。

　そして何よりも、気候が良く食材に恵まれた国なので、文化とともに食材同士の組み合わせに多様性が生まれ、独特の味を生み出したのだと思う。モロッコ料理を食べて、野菜や肉のおいしさに改めて気づかされる人は少なくない。それは素材の味を活かすスパイス使いに秘密があるからだ。味覚を刺激する香りを持つクミンパウダー、味に深みと広がりを持たせるブラックペッパーにジンジャーパウダー、色をつけて華やかにしてくれるパプリカパウダー、ターメリック、そしてサフラン。シナモンパウダーやアニスはシンプルな焼き菓子に深みのある香りを加えてくれる。いくつかのスパイスを少量使うだけで、素材のおいしさを引き出すことができるのだ。

細かくカットしたタイルを組み合わせた、幾何学模様のゼリージュ。

cuisine riyad

リヤドのキッチンで、
本場の味を学べる。

　モロッコでは、母親の手伝いをしながら料理を覚えていく。僕も最初は野菜を切ったり炒めたり、簡単なことから始めて、シンプルなベルベルオムレツや野菜のベルベルタジンが上手に作れるようになっていった。本屋さんの数が少なく、料理本もほとんどないモロッコでは、母親や父親から子どもへとレシピが語り継がれていく。誰もが、自分の親から教わった料理の味は最高だと信じている。

　モロッコへ旅行する人のなかには、現地で料理を学んでみたいと思う人がいるかもしれない。おすすめは、マラケシュやフェズにあるリヤド（中庭のある家）で開催されている料理教室だ。料理を担当しているシェフから個人的に（あるいは少人数で）教えを受けることができる。どんな手順で、どんな風に野菜を扱うか、大胆な料理方法に目を丸くするかもしれない。リヤドによっては、スーク（市場）に案内してくれて、一緒に買い物も楽しめる。リヤドに滞在すると本場の料理を学ぶだけでなく、モロッコの伝統的な建築物の美しさを感じることもできるので、とてもおもしろい体験になるだろう。

　多くの家庭では、今でも毎朝パン生地をこねている。面倒だと思う人もいるかもしれない。けれどモロッコ人は計量カップを使う代わりに手間を惜しまず、おおらかな気持ちで料理を作る過程を楽しむ。モロッコ料理について詳しく説明しようと思うと長くなるけど、簡単に言うと、丁寧さと楽しさ、それが僕にとってのモロッコ料理なのだ。

マラケシュのフナ広場には、地元の人で賑わう屋台が立ち並ぶ。

marché

みずみずしい野菜
が並ぶスーク。

Chapter 1 》》》 お皿に盛られた多様な文化　　13

## اَلتَّارِيخ
# 歴史

quartiers des Habous

カサブランカ郊外にあるハッブース街は、地元の人が多い庶民的なショッピングエリア。

### さまざまな食文化の交差

　モロッコは、アラブとアフリカとヨーロッパの魅力がぐちゃぐちゃと混じり合いでき上がった国なのだと思う。それが料理にも反映されていて、この国の食の歴史とは、つまり文化の交差なのだ。

　ベルベル民族の食文化に、アラブ文化が融合して、モロッコ料理の基礎ができ上がった。ベルベル民族の食文化とは、例えばタジン。水をほとんど使わず、具材が持つ水分を利用して煮込む。水が貴重な砂漠では理にかなった調理法だ。セモリナ粉で作るクスクスやバグリール（パンケーキ）、菓子のルーツもベルベル民族だ。7世紀にやってきたアラブ人は、モロッコ料理の大きな特徴であるスパイス、ナッツ、ドライフルーツなどをもたらした。ペルシャ周辺で一般的だった肉とフルーツの組み合わせがフェズ（Fes）で好まれ、全土に広がっていった。現在でも、祝い事などフォーマルな席では、この伝統的なスタイルの料理が登場する。

　地理的に近いスペインには、オリーブ、オリーブオイル、オレンジなど、モロッコと共通の食材がもともとあった。8世紀にムスリムがイベリア半島を征服した際、アンダルシア地方にはモロッコから多くのムーア人達が遠征していた。彼らはスペイン料理のアイディアを、フェズ、テトゥアン（Tétouan）などモロッコ北部の町に持ち帰った。パスティラという有名な伝統料理は、アンダルシアから伝わったワルカというパリパリの薄い皮の中に、具材が入ったいわばパイだ。昔は鳩の胸肉が一般的だったが、鶏肉や魚介類を包むようになった。テトゥアンでは牛ひき肉とナッツの組み合わせが

pastilla

　人気だ。パスティラの上には粉砂糖とシナモンパウダーをふりかけ、思い思いのデザインを施す。格子状にしたり、縞模様にしたり、星を描いたり、創意工夫を凝らす。

　中世以降も、アフリカや地中海の国々、ヨーロッパからの影響を受けてきた。そして、現代のモロッコ料理に一番大きな影響を与えたのはフランスだ。カサブランカやマラケシュのカフェやレストランには、フランスのエスプリが感じられるメニューがある。

　その一方で、おもしろいことに、今ではモロッコ料理が、イギリスやフランスなど各国の料理人に影響を与えている。例えばイギリスの料理人ジェイミー・オリバー。彼が扱う食材の組み合わせやスパイス使いにはモロッコを感じる。実際に「Jamie's Food Escape」という番組ではモロッコの街を訪れ、料理を紹介している。長い歴史のなかで、たくさんの食材が往来し、一つの食文化として成熟した料理だからこそ、料理人にとっては新たなアイディアの宝庫なのだろう。

スパイシーに味つけされるシーフードパスティラ。表面は黒オリーブ、エビ、レモンで飾る。

Chapter 1 お皿に盛られた多様な文化

# ベルベル民族

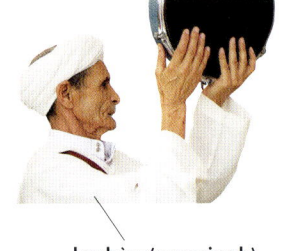

اَلْأَمَازِيغ

berbère(amazingh)

### 自然と寄り添う暮らしかた

　マラケシュの街なかを歩いていると、通りすがりの人の歌うような話し声にふと振り返ることがある。アラビア語でもなく、フランス語でもない言葉「ベルベル語」だ。2011年に公用語になったが、ベルベル民族以外の人が実際の日常生活で使うことはまれだ。僕の父方はアラブ系、母方はアンダルシア地方のスペイン系なのでベルベル語は話せない。この言葉を話すのは、7世紀初頭にアラブ人がモロッコに入ってくる前からこの土地に住んでいたベルベルと呼ばれる人々。彼らは、元をたどると紀元前10世紀ごろに西アジアからやってきたといわれている。

　ベルベルという呼び名は野蛮人を意味する「バルバルス」というギリシア語に由来するが、彼ら自身は、自分たちのことを「アマズィグ」と呼ぶ。「自由な人」という意味だ。彼らはモロッコという国に最初にたどりついた民族であることに誇りを持っている。何世紀にもわたり、「ベルベルである」という誇りを受け継ぐ人々が「ベルベル民族」であると認識されている。外見はアラブ系モロッコ人のようだったり、金髪や赤毛、青い目の人もいるので、見かけだけで判断できない。

　タジンやクスクスといったモロッコを代表する料理は、もとはベルベル民族の料理だった。材料が少なく簡単に作れるベルベルオムレツ（P.105）は、財布が寂しい時によく作るようなモロッコ人なら誰もが得意とする一般的なものだ。また、ベルベルタジンと呼ばれるのは、にんじん、ズッキーニ、じゃがいも、玉ねぎ、トマト、カ

touqreg

藍色の衣を纏うトゥアレグ族は「青の民」と呼ばれる。

village berbère

ベルベル絨毯を織る村の女性(左)。アトラス山脈の麓にある、何代にもわたり受け継がれてきた暮らしを続けるベルベル民族の村。(右)。

Chapter 1 》》 お皿に盛られた多様な文化 19

リフラワーなど、たっぷりの野菜をシンプルな味つけで楽しむメニューだ。蒸らしたクスクスにラクダのミルクをかけて食べるおやつもある。どれも素材の味が活きた素朴な味わいの料理だ。

　マラケシュなどの都市部に暮らす人々もいるが、昔ながらの生活を続ける人々もいる。例えば、モロッコからリビアにかけての広範囲で暮らすトゥアレグ族は、藍色に染めたターバンと衣服を身に付けているサハラの遊牧民だ。アトラス山脈やリーフ地方の山岳地帯で土の家に住む人々もいる。ベルベル絨毯を織ったり、アルガンの実からオイルを抽出したり、家畜の世話をしたりして暮らしている。小さなガスコンロのあるキッチンを持つ家庭もあるが、土で作った釜の中に薪で火をおこし料理をするという、伝統的な暮らしを続けている。普段の食事は、全粒粉の素朴なパン、野菜たっぷりのタジンが多いが、大切な来客時にはヤギやラクダなどの肉類をタジンやグリルで食べる。

　また、ベルベル民族の一部の人々は、古くからアルガンオイルを愛用してきた。アルガンの木とともに暮らし、その恵みを享受してきたのだ。アルガンオイルは料理に使うと芳ばしい香りが食欲をそそるが、生活のなかのさまざまな場面で活用される。切り傷の治療に使ったり、生まれた赤ちゃんが将来食べものに困らないようにという祈りを込めて、スプーン1杯のアルガンオイルを飲ませたりする習慣がある。土地のものを育て、その恵みで毎日を営む生活には、代々受け継がれてきた暮らしの知恵と伝統が詰まっている。

arganiers et des chèvres

ヤギは好物のアルガンの実を食べるため木に登る。

ベルベルスタイルのインテリアで統一されたホテルもある。

# 宗教
اَلدِّين

## 命をいただくことに感謝する習慣

　モロッコはイスラム教の国だから、料理は宗教の教えとも深く関係している。イスラム法で定められたルールに沿って加工された食べものをハラールという。イスラム法で認められた方法で家畜を食肉にする、豚肉、豚脂、ゼラチンを使用しない、これらがハラールの認証を受ける基本的な条件だ。これ以外にも、健康、清潔、安全、高品質でなければならない。イスラム教では、清潔であること、他者を気づかうこと、健康に気をつかうことを大切にしている。

　モロッコを旅行中、レストランのメニューにはクスクスが載っているのに、食べ損ねることがあるかもしれない。それは、多くのモロッコ人にとってクスクスは金曜日に食べるものなので、レストランによっては他の曜日に準備をしないからだ。金曜日はイスラムの安息日で、モスクに出かけてお祈りをした後、家族揃って昼食にクスクスをいただく。この日は、貧しい人にも、モスクでクスクスがふるまわれたりする。

　食に関連したイスラム教の習慣では、ラマダン（断食）とイード（祭り）が有名だろう。ラマダンの期間、ムスリムは、太陽が昇ってから沈むまで何も口にしない。厳格な人はつばを飲み込むのさえ気をつける。ラマダンの目的は、貧しく十分な食事にありつけない人の気持ちを理解すること、欲望に打ち勝つ訓練をすること、そして胃を休めることだ。例えば、タバコをきっぱり断ちたいと思っていても欲望に打ち勝てない人は、このラマダンの時期に自己コントロールの訓練をする。ただ、この時期は、一日中食欲を抑えて頑張っ

神聖な空気が漂う、フェズのカラウィンモスク。

bab boujeloud

アラベスク文様が美しいブー・ジュルード門はフェズのメディナ（旧市街）の入り口。

たという気持ちから、普段よりも食べる量が増える人がいる。しかし、本当は胃を休める目的なので、僕は普段よりも小食を心掛けている。

　イードには「ラマダン明けの祭」と「犠牲祭」の2種類がある。「ラマダン明けの祭」はイード・エルフィトル（Eid el-Fitr）と呼ばれる3日間の祭りだ。この期間は、伝統的なモロッコの服を身にまとい、早朝からモスクでお祈りを捧げる。その後、家族や友人と一緒にミントティーと伝統的な焼き菓子を楽しむ。ラマダン明けには、貧しい人に寄付をする習慣があるが、その一環として子ども達はお小遣いがもらえるので、僕の大好きな祭日だった。

　「犠牲祭」は、イード・エルアドバー（Eid el-Addha）だ。主に羊を生け贄として神に捧げ、その肉を家族や近隣の人々、貧しい人々に分け与える。この時期は朝から晩まで羊の肉が食卓にあがる。羊の肝を使用したブロシェット（串焼き）、肉とプルーンのタジンなどさまざまな羊肉の料理を食べる。

　小さい頃、犠牲祭の1か月前になると、祖父が羊たちを家に連れてきた。僕はエサをやり、毛をといでやり、夜は一緒に眠ることもあった。弟のようにかわいがった羊たちが、犠牲祭の朝、連れ出されるのを見て僕は泣き叫んだ。とても悲しくて、この祭りが長い間大嫌いだった。イスラム教ではこの期間に、子ども達に食材（肉）がどこからやってくるのか教え、命の大切さを学ばせている。生きることは、他の生きものの命をいただくこと。食材を大切に扱い、おいしくいただく習慣が自然と身に付く。

バグリール。ラマダンの時期によく食べる。

تَزْيِينُ الْمَائِدَة
# テーブルウエア

## 丸テーブルを囲む食事の時間

　僕はシャイな性格でモロッコ人っぽくないと言われるが、一般的にモロッコ人というのは、おおらかで、おしゃべり好きで、楽しい人たちだ。街なかで出会った人でも親しくなると家に招待される。ランチやディナーに招待されたら、心ばかりの品として食後のフルーツを持参する。ティータイムには、ミルクと砂糖が良い。結婚式やイード（P.22）の期間、子どもが生まれた家庭にもよく招待されるが、このような時は、家の主が歓迎の気持ちを表して、オレンジフラワーウォーターを全身にふりかけてくれる。これはモロッコ王室の伝統に由来していて、あなたはとても大切な客人です、という敬意を表しているのだ。

　家庭では、家族全員が揃って食事することを大切にしている。皆が席に着いたら、「ビスミッラー（いただきます）」を唱え食事が始まる。父親が食べ始めると皆も一斉に食べ始める。各々の席にはスプーン、フォーク、取り皿、水の入ったボウル（ない場合もある）が用意されている。最初に小さな器に入ったビーツのサラダ、サラダモロカン、にんじんのサラダなどが所狭しと並べられる。自分から一番近い皿のものを皆で分け合うのだが、たいてい取り分け用のスプーンがない。代わりにホブス（P.54）を器用に使ってサラダをすくいあげる。大皿にこんもりと盛られたクスクスも同様。皆、自分から一番近い所から手で食べ始める。親指、人差し指、中指の3本を使用して器用にクスクスを丸め、口にほうりこむ。これ以外の指を使うのはマナー違反だ。

tajine d'été
accompli!

柔らかく煮込まれた野菜と肉の旨みが詰まったタジン。

　タジンやクスクスなど大皿で提供される料理は、決して真ん中に手をつけず、自分に一番近い端からいただくのがマナー。真ん中は神聖で、神様がより良いものを真ん中に送り続け、それが皿の端に広がる、というイスラムの考え方による。

　食後にはフルーツが続き、最後にミントティーが用意される。ミントティーは男性が淹れるもの。伝統的な慣習では、銀製品のセットがテーブルに運ばれ、家の主人が皆の前で淹れてくれる。飲み終わると新しい水の入ったボウルが運ばれてくる。これで手を洗うと楽しい食事の時間は終わりだ。時々、スワックと呼ばれるものが出てくるが、これはクルミの木の皮を乾燥させたものだ。歯を白くし、消毒する働きがあり、歯磨き粉として広く使用されている。

　モロッコの家庭には、丸いダイニングテーブルが多い。田舎の家庭では、ラグの上に低い丸テーブルが置かれ、床に座って食事をする。1つの皿を皆で取り分ける料理が多く、丸いテーブルならどこに座っても皿に手が届きやすいのだろう。また、家族全員がお互いの顔を見ながら楽しい食事の時間を過ごすためでもあるのだろう。

　また、どの家庭にも壁に沿ってぐるりとソファが置かれたサロンという部屋がある。ティータイムのソファは、モザイクやフローラル柄などの美しいクロスで布張りされている。客人はサロンに案内されてお茶とおしゃべりを楽しむのだ。モロッコでは、食事マナーといっても堅苦しさはない。楽しく皆で食事をいただくことが一番のマナーだろう。

1　テーブルウエアのクロスはもちろん、ベッドカバーにも刺繍が施される。
2　独特の色合いが美しい、フェズ陶器。戸棚にしまっておくのがもったいない。

## 食卓を彩る刺繍と陶器

　世界遺産にもなっている迷宮都市フェズには、伝統料理の他にも素晴らしいものがたくさんある。細かい刺繍が施されたテーブルクロスとナプキン、そして料理を盛り付ける器だ。母がフェズ刺繍の仕事をしていたこともあり、僕には小さい頃から身近な存在だった。

　刺繍にはイスラム美術の様式のひとつであるアラベスク文様が施されるが、実は表も裏も同じ柄になっている。両面まったく同じ模様を作るには高度な技術が必要で、緻密な手仕事なのだ。古典的なデザインは、タテ、ヨコ、ナナメを繰り返しながら模様を作っていくが、現代的なデザインは十字（クロス）を重ねて模様を作っていく。フェズの街にはいくつも工房があるので、買い物がてら職人の手仕事を見学するのもおもしろいだろう。

　また、フェズには上質な土があり、質の高い陶器やタイルでも有名だ。きめの細かい白地に、深い藍色に似たブルーで緻密な模様が描かれる。これはフェズブルーと呼ばれ、静かなたたずまいが素晴らしい。イスラム教は偶像崇拝を禁止しているので、幾何学模様が発展してきた。フェズブルー１色で描かれたモザイク柄の他、グリーンを基調とし、黄色やブルーで描かれた蔓のモチーフや、トマトの花をモチーフにした絵柄などが美しい。器もタイルも、一つひとつ手作業で色がつけられている。淡いグリーンはミントの葉から、柔らかな黄色はサフランから。天然の色を使って彩られた陶器は優しい風合いだが、印象的で力強さも感じる。工房で職人の丁寧な仕事を眺めたあとは、お気に入りの１枚を探してみたい。

**mederassa bouinania**

フェズで一番古い神学校、ブー・イナニア・マドラサは美しい彫刻とモザイクで彩られている。

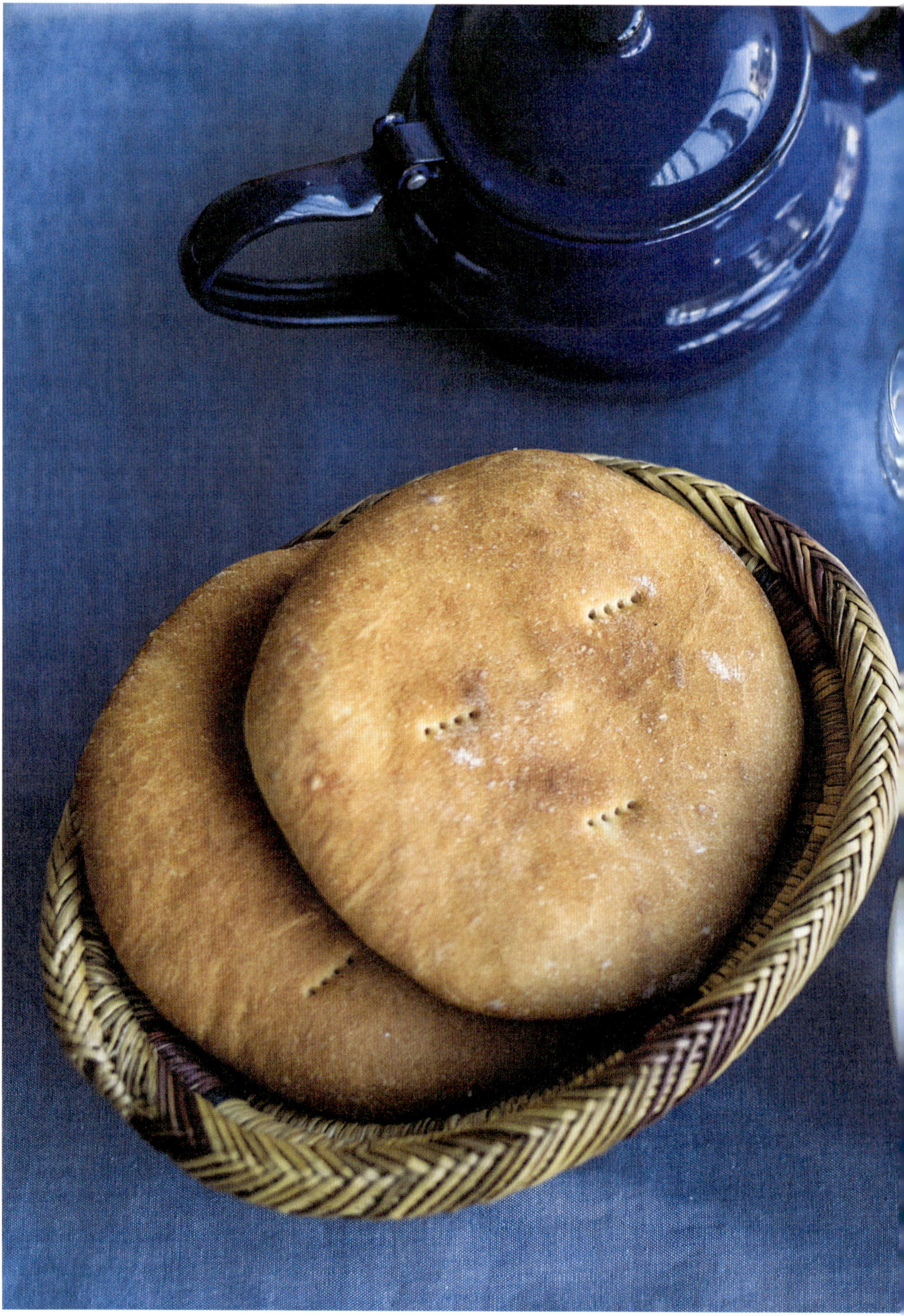

## Chapter 2

### 食べて旅するモロッコ

賑やかなスーク（市場）、彩り豊かな料理が並ぶ宮廷料理のレストラン、スパイスの香りが漂う街角の食堂、焼きたてのパンが並ぶ窯……。迷路のような細い小径を抜けて散歩するように街をめぐれば、おいしい魅力があふれている。

اَلطَّاجِين
# タジン

> 野菜のタジン（上）、えびのタジン（下）など、ひと言でタジンといってもさまざまなメニューがある。

## 食材のおいしさがつまった料理

　三角帽子の蓋と皿がセットになっているタジン。鍋そのものを指す言葉でもあり、煮込み料理を意味する言葉でもあるから、レストランでは「〇〇（具材）のタジン」と注文する。「タジン料理」とは言わない。モロッコへ行かずとも、絶対に一度は食べるべきメニューだ。さまざまな食材を組み合わせる奥深い料理だが、作り方は「こんなに簡単で良いの？」というくらいシンプル。材料をそろえたら、野菜を切って重ねて並べ、弱火で煮込むだけだ。ほんの10分ほどでできてしまう手軽なものから、じっくりと火を通すものまであるが、どれも工程は同じ。単純明快な作り方は料理初心者にも、日々じっくりと料理をする人にとってもうれしい。いつから煮込んでいたんだろうと忘れかけた頃、慌てて蓋をあけてみるとホクホクと柔らかく煮こまれた野菜から湯気が立ちのぼってくる。家でも食堂でもタジンに添えるのはホブスと呼ばれる丸いパン。たっぷりと汁をふくませて食べる。食堂ではザルーク（P.102）というナスの前菜サラダやチュクチュカ（P.103）というトマトとピーマンの前菜サラダも一緒に食べる。

　ところで、タジンは食材の味を余すところなく味わえる料理だ。煮込む過程で食材から出る水分、栄養、おいしさのエッセンスを三角帽の上部に溜め込み、しずくのように下に落とすからだ。優しくとろりと煮込む、という感覚。蓋を開ける時は慌てずゆっくりと。三角の空間に熱風が詰まっているわけだから。

Chapter 2 》》 食べて旅するモロッコ

tajine coloré

土産物屋の店先には、色とりどりのタジンが並ぶ。

## バリエーション豊かなタジン

　街なかでもスークでも、熱した炭の上にタジンが並ぶ店をよく見かける。おじさんたちがおしゃべりしながら、タジンを食べている姿が多いけれど、モロッコ人女性も1人で気軽に入っている。タジン屋の主人は、朝の9時頃から準備を始める。炭をおこし、タジンに材料をのせて、時間をかけてじっくり煮込むのだ。水はほとんど入れず、野菜や肉の水分でじんわりと蒸すように煮込む。やさしい炭火で煮込まれたタジンはガスコンロで調理されたタジンとは野菜のホクホク感が違い、味も濃厚だ。11時を過ぎると、タジンを食べにちらほらと人が集まってくる。たいていどこのタジン屋でも、人気メニューはチキンとレモンとオリーブのタジン（P.95）、野菜のタジン、魚のタジン。どれも数が限定されており、ランチに出かけるのが遅くなると食べ逃してしまう。

　モロッコではたらふく食べたい、という人に味わってほしいおす

シンプルな味付けの野菜のタジン（左）。　　炭の汚れが付いているものほどおいしく煮込まれている（右）。

すめタジンがいろいろある。ビーフとプルーンとアーモンドのタジン（P.98）、ベルベルタジン、ケフタと呼ばれるミートボールのタジン、白身魚とトマトのタジン、シーフードのスパイシータジン、チキンとアプリコットとクランベリーのタジン……といったところだろうか。どのタジンもコトコト煮込まれてとろけそうなほど柔らかくなった肉と、甘みと酸味がじんわりとしみ出たフルーツとの相性が抜群なのだ。モロッコならではの食材を組み合わせたタジンをたっぷりと味わってほしい。

　今でもタジン屋や田舎の家庭では炭火で調理するが、都会ではＩＨ用タジンが人気になってきている。しかし、ＩＨコンロの上に置かれたタジンはなんとも趣がない。炭の上にあってこそ風情があるというもの、とは僕の勝手な言い分だろうか？

اَلْكُسْكُس
# クスクス

小麦が香る黄金色の極小パスタ

　初めてクスクスを目にする人は「一体これは何？」と不思議そうな顔をする。黄金色の小さな粒はクスクスと呼ばれ、ベルベル人が生み出した食べものだという説がある。素材は硬質小麦であるデュラム小麦を粗挽きにしたセモリナ粉。これに水を含ませ、粒になるよう手の平で丸めて根気よくそぼろ状にする。粒そのものをクスクスと呼ぶが、同時に、野菜と肉を煮込んだスープをこれにかけていただく料理もクスクスと呼ぶ。小麦の素朴な香りと甘み、噛んだ時のもっちりした食感に、たっぷりの野菜がのったモロッコを代表する食べものだ。

　都市部ではお湯を注ぐだけで出来上がるインスタントクスクスが人気になってきているが、田舎では女性がいちから丁寧にクスクスを作る。粉をこねてそぼろ状にし、ふるいにかけて粒の大きさを揃える。とても時間のかかる作業だが、手作りのクスクスは香り高く、小麦の味がしっかりと感じられるのだ。セモリナ粉以外に、大麦、トウモロコシ、ドングリの粉でも作られる。ゆでたドングリはねっとりした食感で、焦げたナッツのような味。モロッコでは路上でゆでたドングリをスナックとしておじさんが売っている。日本でドングリを食べる機会はまれだが、ぜひ試してほしい。

　クスクスを作る時は、ケスカスという２段の鍋を使用する。下段でスープを煮込み、その蒸気を使って上段でクスクスを蒸す。ベトベトした仕上がりになるのを防ぐため蓋はしない。途中何度か水をふりかけ、素手でほぐすのだが、やけどしそうなほどの熱さだ。蒸

couscoussier

クスクスを作るケスカスは、上下2段になった蒸し器のよう。

し上がったクスクスには、バターかオリーブオイルを加え、ダマにならないようほぐしたらでき上がり。

　スープは、ブラックペッパー、ジンジャーパウダー、ターメリックといったスパイス数種類とイタリアンパセリやコリアンダーを加えたもの。あっさりした味のスープで野菜や肉をじっくりと煮込む。モロッコでは数字の7は縁起が良いとされていることから、7種類の野菜を入れることが多い。玉ねぎ、にんじん、かぶ（大根）、トマト、かぼちゃ、ナス、オクラ（ピーマン）などが基本だ。これに、ひよこ豆やそら豆を加えることが多い。山の形に盛り付けたクスクスの上に野菜を放射線状に並べ、食べる時にスープをかける。唐辛子をペーストにしたハリサ（P.59）を少し添えると辛みが加わり、素朴な味わいのクスクスがシャープな味わいになる。やわらかく煮込まれた野菜の旨みを堪能できる滋味深いスープと一緒に、一度は食べてほしい料理だ。

## クスクスの種類

　米に種類があるように、クスクスの種類もさまざまで、味わいもまた大きく異なる。豆類やヴァーミセリというスープに入れるパスタなどを売る雑貨店、スーパーなどでクスクスを購入する。

　粒の大きさは、大・中・小とあり、好みは分かれる。大粒は３〜４mmほどのサイズで歯ごたえがあり、中は２mmほどの大きさで家庭でもレストランでもよく使われている。１mmもしくはそれ以下の小粒は粉のようにサラサラしている。トマト、キュウリ、パプリカといった野菜と混ぜ、ドレッシングをかけてサラダにする。セファというデザートに使用する時は、冷やしたクスクスを山の形に盛り付ける。シナモンパウダーと砂糖をたっぷりふりかけ、ローストアーモンドやドライフルーツをのせ、シリアルのようにミルクを注いで食べる。

　同じセモリナ粉を使っているクスクスでも、メーカーによって小麦の味を強く感じるもの、あっさりしたものなど味に違いがある。デュラム小麦の粒を丸ごと挽いた全粒粉は、ふすま（表皮）や胚芽が残っているので、色は茶色でほのかに香ばしい。少しぱさついた食感だが、栄養価が高いので全粒粉を好む人も多い。有機栽培が一般的なモロッコのセモリナ粉は、オーガニックのものが多い。クスクスのパッケージはメーカーによってブルーやグリーン、ピンクなどカラフルでかわいい。500ｇ80円ほどで購入できるので、お土産におすすめだ。

**comment faire de la cuisine**

ザマンダハビのクスクス 1 kg 200円（左）。DARIはモロッコでよく見かける一般的なメーカーで500 g 80円ほど（中）。有機全粒粉は500 g 150円ほど（右）。

Chapter 2 食べて旅するモロッコ

fez medina

細い路地が迷路のように張り巡らされたフェズのメディナ。

اَلْأَطْبَاقُ اَلْمَغْرِبِيَّةُ اَلْفَاخِرَة
# 宮廷料理

### 美しい料理に囲まれる至福のひととき

　王宮などで客人をもてなす際に、伝統的な料理の数々をコース仕立てで出すのが宮廷料理だ。マラケシュ、フェズの高級レストランへ行けば味わうことができるが、この本のレシピを参考に味を想像しながら作ってみてほしい。

　フェズのメディナ（旧市街）にあるリヤド、ラ・メゾン・ブルー（La Maison Blue）は宮廷料理のレストランとしても有名。街の喧噪から逃れるように大理石の小さな門をくぐり、古びた木製の重厚なドアを開けると静寂に包まれた空間が広がる。最上階まで吹き抜けになった開放的な中庭は、息を呑むほどの美しさ。ひんやりとした空気の中に濃厚なネロリの香りが漂う。アンティークの家具、緻密なタイルの装飾、豪華な銀細工や銅細工……この瀟洒な中庭をながめながら、宮廷料理を楽しめるのだ。

　家庭でも、夕食に大切な客人を招待する時には、宮廷料理と同じ

le palais royal à fes

現在でもモロッコ国王が滞在するときに使われるフェズの王宮。

ようにもてなす。まずはアーモンドやクルミなどのナッツ類を少しつまむ。しばらくすると、ケミア（P.102）と呼ばれる野菜と豆の小皿がずらっと並べられる。たいていは8〜14種類ほどの美しい皿の数々が目の前に広がる。これをホブスやバトボット（P.111）といったパンとともに食べる。小さな器に入ったハリラ（スープ）が続いた後には、お待ちかねのメイン。通常はパスティラ、タジン、クスクスのなかから2種類用意される。例えば、鳩のパスティラや魚のパスティラ、レモンチキンのタジン、ビーフとプルーンとアーモンドのタジン、野菜のクスクス（P.108）などだ。デザートは、ワルカ（パスティラの生地）にカスタードを挟んだもの、セファというクスクスにナッツ、シナモン、粉砂糖をかけたもの、そして新鮮なフルーツ。デザートが運ばれる頃には、もうお腹がはちきれそうになっているだろう。

アラベスク文様が美しい、フェズのメディナの水汲み場。

フェズにあるラ・メゾン・ブルーというリヤド。宿泊してゆっくりとディナーを楽しむこともできる。

## おもてなしのテーブルウェア

　宮廷料理を食べられるレストランでは、どのテーブルにも思わずじっと見つめてしまうほど緻密な刺繍が施されたクロスがセッティングされている。非常に細かいアラベスク文様のフェズ刺繍、花と葉がモチーフのぽってりとしたレトロな雰囲気が漂うラバト刺繍、宮廷料理ではどちらかの刺繍が施されたテーブルクロスが使われる。その上には、クロスとお揃いの刺繍のナプキン、どっしりと重みのあるシルバー製のカトラリー、大小2枚の皿を重ねて並べる。宮廷料理では、白やオレンジなどの無地の皿や、縁にゴールドでタイルのような絵柄が少しだけ描かれた皿など、シンプルなデザインの器を使うことが多い。

　モロッコには、タイル柄、ベルベル系遊牧民であるトゥアレグ族の文字をモチーフにした柄、筆で落書きしたかのようなデザインの皿がある。他にも、フェズブルーと呼ばれる藍色がかった青で装飾されたフェズのものや、アラベスク文様のものなどデザインのバリエーションは豊富だ。けれど、宮廷料理では、料理の彩りを楽しむためなのか、シンプルなものが好まれるようだ。

ٱلْمَطْبَخ ٱلْمَحَلِّي
# 郷土料理

### 各地で出合うモロッコの味

　僕は長い間、モロッコ各地にあるレストランなどで伝統料理を指導する仕事をしていた。西から東へ移動するにつれて、気候とともに特産物も人の気質も変わり、僕はこの国のことについてほんの一部しか知らなかったのだと気づいた。伝統料理を指導しながら、逆にシェフやダダ（伝統料理を作るシェフやセネガルなどから来たお手伝いさん）から、その地域の伝統料理を教えてもらえたのは貴重な体験だった。

　西部のアガディール（Agadir）やスース（Souss）地方では、料理にアルガンオイルを使う。タジンにはオリーブオイルやバターを使うのが一般的だが、アルガンの木が自生しているこの地域ではこのオイルを使い、ナッツのような芳ばしい香りを料理にまとわせ、味に深みを出す。

　マラケシュにはタンジーアという郷土料理がある。テラコッタの壺の中にスパイスで漬け込んだ肉とオリーブの実、オリーブオイルを入れる。布で蓋をしてハマム（公衆浴場）にある釜に入れて20時間ほど蒸す。中身さえ用意すれば、後はハマムの釜が調理してくれる。スパイスの味がしみ込んだ肉は、ほろほろと口の中で崩れるほどの柔らかさ。マラケシュには工芸品の職人が多いので、仕事に没頭している間においしく仕上がるこの料理は、彼らにとってもってこいのひと皿だ。

　マラケシュの南東にタフィラート（Tafilalte）やワルザザート（Ouarzazate）という町がある。ここではセファ・メドゥフーナが

tanjia

牛肉などのかたまり肉を壺に入れて、じっくりと蒸しあげるタンジーア屋。

名物だ。モロッコのアラビア語で、セファは麺をすする音を表し、メドゥフーナとは「埋められた」という意味だ。パスタの一種であるヴァーミセリ、砕いたローストアーモンド、シナモンパウダー、レーズンを混ぜ合わせ山のように盛りつける。山を崩して食べていくと中からスパイスで煮込まれた肉が出てくる。ヴァーミセリの中には、たいてい牛肉か羊肉が隠れているので、皿が運ばれてくるとワクワクした気持ちになる。

　いわゆる宮廷料理と呼ばれるモロッコの伝統料理を楽しめるのは、古都フェズだ。菓子も他の地域と異なり、砂糖と水飴を低温で煮詰め、ナッツやドライフルーツを混ぜて固めたヌガーが人気だ。迷路のような小路を散策すると、いたるところにヌガーを売る小さな菓子屋がある。色とりどりのヌガーが並ぶ風景はこの町ならではだ。

　タンジェ（Tanger）、テトゥアン、アシラ（Asilah）など北部の港町には、タグラという魚料理がある。タグラは丸かオーバルの形をしたテラコッタ製の無釉陶器の名前で、この陶器で調理する料理のことも指す。一見タジンに似ているが、深さ7cmほどの鍋には蓋がない。オリーブオイルをひき、じゃがいも、にんじん、トマト、玉ねぎを重ねていく。その上にイワシなどの魚を並べ、スパイスと水をふりかけてオーブンで焼く。表面がカリカリにグリルされた魚とホクホクの野菜を味わえる。

　アルジェリア国境に近いモロッコ東部にあるウジダ（Oujda）では、珍しい料理を食べることができる。ベルクーケシュと呼ばれる

スパイスが香るマラケシュの郷土料理、タンジーア。

**Nougat**

アーモンドなどのナッツが練り込まれたとても甘いヌガー。

**escargot**

スークに並ぶ屋台でもエスカルゴ料理を食べられる。

　5mmほどの粒のパスタと牛肉、野菜を煮込んだスープのようなものだ。このパールのようなパスタは大粒のクスクスよりも大きく、噛みごたえがある。パスタといえばイタリアだが、ベルクーケシュを食べることができるのはモロッコとアルジェリアの一部の地域に限られている。ウジダは、ブドウの生産量が多い地域として有名で、スパイスでマリネした鶏肉とブドウをオーブンで焼く料理もある。

　僕の出身地であるカサブランカはメルゲーズというソーセージが名産だ。主に牛ひき肉にスパイスを加えたものを腸詰めにしてフライパンで焼く。たっぷりのフライドオニオンとともにボブズに挟んだモロッコ流サンドイッチは、味も香りも良くボリューム満点だ。

　また、マラケシュやカサブランカなどの大都市には、モロッコでも珍しい食材を扱う店がある。砂漠の遊牧民達が食べるラクダ肉のタジンを出すレストランだ。ラクダと聞くと、注文するのは少し勇気がいるかもしれないが、ゼラチン質の多い牛肉のような食感で臭みも少ない。日本では食べる機会の少ないエスカルゴに挑戦してみるのもおもしろいだろう。スパイスとハーブで煮込まれたエスカルゴは、サザエのような食感。疲れが吹き飛ぶような、深い味わいだ。モロッコの広い国土を旅するなら、地元の人であふれる食堂へ行き、その土地ならではの味に出合ってほしい。

اَلْمُدُن اَلسَّاحِلِيَّة
# 魚料理

Essaouira

魚介類を堪能したあとは、海沿いの道を散策するのも楽しいエッサウィラ。

### 新鮮な魚を食べる港町

　カサブランカ、タンジェ、エッサウィラ、サフィ（Safi）、エルジャディーダ（Eljadida）、アガディールは国内でも有名な港だ。漁師たちが海から戻る朝5時頃から、人々のにぎやかな声で港は活気づく。魚屋の店主などが集まってくると競りが始まり、30kg、40kg単位で交渉が進み、ずらりと並んだ魚がどんどん売れてゆく。イスラムの安息日である金曜日以外、特に週末は、商売人だけでなく魚好きの人達が新鮮な海の幸を目当てに遠方からもやって来る。

　モロッコでは、イワシ、マグロ、タイ、ボラ、アジ、サバ、メカジキ、タラ、ヒラメ、エビ、イカ、タコ、ムール貝などがとれる。モロッコではイワシの漁獲量が特に多く、アンチョビーの缶詰も有名だ。港には、水揚げされたばかりのイワシを炭火で焼いてくれる屋台がある。1kg40～50円のイワシを買って持ち込むと炭火で炙ってくれる。ふっくらと焼けた身にレモンを絞るだけのシンプルなものだが、僕の大好物だ。

　港には魚料理の食堂が軒を連ね、サラダ、スープ、タジンにグリルなど、新鮮な魚介類をその場で堪能できる。シーフードサラダは、細切りレタスとにんじんの上に茹でたイカと小ぶりのエビ、蟹のほぐし身をのせて、オリーブオイルとレモン汁のドレッシングで爽やかにあえる。スープは、アンコウやカサゴといった深海魚のほか、ムール貝、あさりなど魚介類の旨みが凝縮されている。タジンやグリルには、レモン汁、ニンニク、スパイス、ハーブを混ぜ合わせたシャルムラと呼ばれるマリネ液を使う。イワシ、タラ、タイなどの

**aux poissons**

魚のなかではイワシが一番好きだという人がすば抜けて多い。

**frit**

シャルムラの味が効いているので、フライはまずは何も付けずにそのままいただく。

**seafood grill**

とれたての海の幸を心ゆくまで楽しめる。

　魚をシャルムラに漬けて、玉ねぎやトマトを一緒にタジンで煮込むと優しい味わいに仕上がる。そして、何といっても絶対に食べたいのはシーフードフライ。シャルムラに漬けた魚に軽く小麦粉をまぶしてカラリと揚げる。舌平目やカレイは、柔らかくてサクサクだ。開いたイワシを2枚重ねにしたフライはシャルムラの酸味が効いて臭みがなく、イワシが苦手な人もきっと好きになるはずだ。レモンを絞り、トマトをすり潰したソースにつけて食べるとさっぱりとした味わいになる。

　また、西部の港町エッサウィラの名物に、クエのクスクスがある。クエを生唐辛子、野菜、スパイスと一緒に煮込んだスープをクスクスにかけるもので、他の港町では見かけない。クエの身は淡泊だがゼラチン質が多く、ぷりぷりしているので濃い出汁がとれる。辛味の効いたスープを吸ったクスクスは、優しい旨みを感じる滋味深い逸品だ。

اَلْخُبْز
# パン

### パン焼き窯の思い出

　モロッコでは、中世より少し前にパンが作られるようになった。当時のフェズには製粉所が400か所もあり、モロッコの中でもとりわけパンの製造量が多かった。パンは神聖なものとして考えられ、パンを食べ残すのは良くないと僕は小さな頃から母に言われてきた。モロッコ人は、パンに対して特別な尊敬の気持ちを持っている。今日のパンを粗末にして、明日もパンがあると考えるのは間違っているからだ。もちろん、パンだけではなく、すべての食べものに対しても敬意を払い、大切に扱う気持ちを僕たちは持っている。

　モロッコ人はホブスという薄茶色の丸いパンをよく食べるが、これは街にいくつもあるパン焼き窯で焼かれる。窯では、レストラン向けに販売するものと、各家庭で食べるものの両方を焼いているところが多い。特にフェズやマラケシュのメディナにはパン焼き窯がいたる所にあり、家で母親がこねたパンを小さな子どもが頭の上に乗せて運んでいく姿を今でも見ることができる。

　僕は小さい頃、母の手伝いで生地を窯に運び、学校が終わる昼頃に焼きあがったパンを取りに行っていた。カサブランカのような都会では、日用雑貨を売る小さな店や、リヤカーにホブスを山盛り積んで売り歩くおじさんから購入するようになってきたが、今でも時折、パン生地を運ぶ子どもを見かけることがある。そんな風景を見ると、薪から火をおこしてパンを焼くおじさん、粉だらけになってパンを運ぶおじさんの姿が思い出されて、とても懐かしい気持ちでいっぱいになる。モロッコはパンの国。小麦の味をしっかりと感じられるパンを楽しんでほしい。

## 食事にも、おやつにも、欠かせないパン

　モロッコ全土で見かけるオーソドックスなパンは5種類。ホブス、バトボット、ハルシャ（P.54）、ムスンメン、バグリール。ムスンメンはバターをたっぷりとしみ込ませた生地を何層かに折って焼いたパイのようなものだ。ハチミツをつけていただく。バターまみれでカロリーが高いけれど、もちもちの食感で、軽く2〜3個は食べられる。他にも、地域独自のご当地パンもある。例えば、アガディールには、熱した木炭や石にパン生地を直接つけて焼くタフルヌーツというパンがある。表面はカリカリ、中はやや固い。口に運ぶと炭の香りがする。田舎のパンは、固くて顎が鍛えられそうなものが多い。パンを食べる時には、旬のフルーツで作ったジャムやオリーブ以外にも、ハチミツバターやチョコレートとヘーゼルナッツのペーストをたっぷりとつけていただく。

　フランスの植民地化後は、バゲットやクロワッサンといったフランスのパンが入ってきた。街にたくさんある庶民的なパン屋では、ホブスの他にバゲットなども売っている。10年程前にはパリからシェ・ポール（Chez Paul）が進出してくるなど、フランスのおしゃれなパン屋もモロッコにできた。しかし、街のパン屋では1本20円ほどのバゲットが、1本150円以上するので、一般的なモロッコ人はフランスのパン屋にあまり縁がないだろう。

焼きたてのパンの良い香りが漂ってくると、店先を覗きたくなる、、。

Ca a L'air délicieux!

cuisson au four

街なかにある窯で、各家庭から集まってきたパンを焼く。パン焼き職人は、パンの形を見ただけで、どこの家のパンか分かるという。

## ■ パンとおとも

街なかでよく見かける焼きたてパン。
オリーブやジャムをたっぷりつけて
食べたい。

### ホブス

食事の時は、たいてい添えられている一般的なパン。丸く平べったい形、外側は綺麗な薄茶色でカリカリとして香ばしい。焼きたては、中がフカフカして、何もつけなくてもおいしい。朝食では、ハチミツやジャムをつけて、昼や夜の食事ではタジンの汁をすくいとりながら食べる。全粒粉で作られる場合がほとんど。

### ハルシャ

セモリナ粉に水とたっぷりのオリーブオイルを入れて焼くガレットのようなパン。20世紀初め、フェズに移住したアルジェリア人から伝わったそう。ザクザクした食感で、どっしりと食べ応えがある。朝食やおやつに食べることが多い。ハルシャ、ムスンメンを売る小さな専門店では、40cmほどの巨大なものも売られている。

### バトボット

オーブンで焼くホブスとは対照的に、フライパンで気軽に焼けるピタパンのようなもの。焼くとぷっくり膨らんで中に空洞ができる。片面がきつね色くらいに焼けたら裏返す。ものすごく熱いが、フライ返しはあまり使わず、軽くつまんで素手でひっくり返す。

### 黒オリーブ

オリーブの実が完熟すると綺麗な黒い実になる。この黒くなった実を塩とともに瓶に入れて 2〜3 週間おいておいたもの。通常の塩漬けオリーブに比べると、こってりとした風味とやや強い苦味があるが、モロッコ人の大好物だ。オリーブオイルとともにパンのおともとしてよく食べる。

### アプリコットジャム

新鮮なアプリコットが豊富なモロッコでは、食べきれずに余ることも多い。余ったアプリコットは、たいていジャムに形を変えてパンのおともとして出される。香り高く、甘酸っぱいジャムはパンにぴったりだ。

### オリーブオイル

パンにはなくてはならないオリーブオイル。少し塩を加え、パンを浸していただく。オリーブの木がある家では自家製オリーブオイルを絞る。絞りたてはまるでジュースのようにさらさらして爽やかな果実の香りがする。

Chapter 2 》》 食べて旅するモロッコ

سُوق اَلْعَطِرِيَّة
# スパイスマーケット

### モロッコ料理の味の決め手

　モロッコの日々の料理に欠かせないスパイス屋が星の数ほど集まるスパイスマーケット。茶、ベージュ、黄色、オレンジ、若草色といった色とりどりのスパイスが山型に盛りつけられて並んでいる様子はなんとも美しい。店によって取り扱うスパイスが異なるため、いくつか店をのぞいてみるとおもしろいだろう。日本ではほとんど目にする機会のないスパイスも入手できる。

　例えば、ニゲラというクミンに似た味のクロタネソウの仲間の種や、カシアというシナモンのような香りづけのためのスパイスが売られている。スーパーでも小さな瓶入りのスパイスを扱っているが、より新鮮なものを購入するためにスパイス屋へ足を運ぶ。またスパイス屋では、必要な量をグラム単位で購入できるので便利だ。モロッコの野菜は無農薬栽培が主流だが、スパイスの原料となる植物も無農薬栽培されたものがほとんど。羊の糞尿堆肥が主に使用されている。

　スパイスを買う時は、できるだけ色鮮やかなものを選ぶようにすると良い。鮮度が色に現れるからだ。鮮度が落ちてくると風味が立たなくなるので、1年くらいを目安に使い切ると良いだろう。プラスチックの容器や瓶に入れ、高温多湿を避けて冷暗所で保存する。モロッコの家庭には、クミン、ジンジャーパウダー、パプリカパウダー、ブラックペッパーパウダー、シナモンパウダーが常備されている。これらがあれば、ほぼすべてのモロッコ料理が作れるだろう。

souk des épices

スパイスの間には軽石や石けんなど、コスメグッズが並ぶ。

店先には、モロッコ料理の味の決め手となる色とりどりのスパイスが円錐形に盛られている。

## スパイス屋が誇るスペシャルスパイス

　ラスハヌーツとは、アラビア語で「店の頭」を意味し、スパイス屋の看板商品となるミックススパイスのこと。店の主人が少なくとも5種類、多い店では40種類ものスパイスを独自の配合でブレンドしている。カルダモン、クミン、クローブ、シナモン、ナツメグ、唐辛子、ジンジャー、フェネグリーク、ターメリック、コリアンダーなどをベースにしている。珍しいものでは、バラのつぼみ、ニオイアヤメの根、熱帯アジア原産でショウガの仲間のガランガル、バラ科の仲間で真っ赤な実をつけるナナカマドなどを入れる店もある。

　たいていの人はお気に入りのスパイス屋で購入するが、自分の好みの配合がある人は、金属製のすり鉢のようなもので固形のスパイスを潰してラスハヌーツを作る。

　家庭でラスハヌーツを作る場合は、ブラックペッパー、サフラン、クミン、シナモン、パプリカパウダーの5種類を混ぜ合わせることが多い。クスクスのほか、串焼きにする肉にすりこんで使う。

ras el hanout

ホールスパイスをブレンドし、すり鉢でつぶしながら混ぜ合わせる。

左から、アルガンオイル、ハリサ、オレンジフラワーウォーター。

## モロッコの隠し味

　モロッコらしい味わいを引き出すために欠かせない調味料が3つある。1つ目は、モロッコ西部からサハラ砂漠にかけて自生する、アルガンの木の実から採れるアルガンオイルだ。芳ばしい香りがするのでオリーブオイルの代わりにサラダのドレッシングやタジンに使ったり、ハチミツとアーモンドペーストを混ぜてアムローというペーストにして、パンやバグリールにつけて朝食に食べる。

　2つ目はハリサ。唐辛子、キャラウェイシード、クミンパウダー、コリアンダーパウダー、ニンニク、塩、オリーブオイルを混ぜ合わせてペースト状にしたもの。家庭では手作りすることが多い。辛味だけではなく、スパイスとニンニクの深い香りが特徴だ。クスクスに添えると、優しい味わいのクスクスが、ピリッとした風味でひきしまり、別の味わいが楽しめる。

　3つ目はフレーバーウォーター。モロッコでは、料理をおいしくするためだけでなく、ドリンクや菓子に使う卵のにおいを隠すために香りづけする。バニラビーンズよりも濃厚な香りがあるので、バラやオレンジの花を水蒸気蒸留した、100％天然のローズウォーターやオレンジフラワーウォーターを好んで使う。

## ■スパイス図鑑

料理にはもちろん、風邪やケガ、体調のすぐれない時にも使う。

### 3　パプリカパウダー

甘酸っぱい香りだが、苦味がある。料理の彩りを良くするために使う。ベルベルオムレツ（P.105）、ケフタ（ミートボール入りタジン）などのトマトベースのタジンのほか、魚のタジン、パエリアなど、煮こみ料理に欠かせない。料理だけでなく、切り傷にすりこんで応急処置をすることも。

### 1　ジンジャーパウダー

モロッコのショウガは、手のひらサイズの巨体。生のショウガは乾燥させたものよりも辛味が強いのでモロッコ人はあまり好まないが、ラム肉のタジンでは用いることもある。咳止めに、鍋にミルクとジンジャーパウダーを入れて温かくして飲む。

### 2　クミンパウダー

煮込み料理だけでなく、炒めものやグリルなど幅広いモロッコ料理で活躍。ゆで卵を食べる時には、必ずクミンパウダーと塩を混ぜたものをつけて食べる。消化促進と解毒作用があるため、腹痛になった時はスプーン1杯のクミンシードを水と一緒に飲む。

4　シナモン

菓子やドリンクの香りづけに好まれる。肉とドライフルーツのタジンを作る時には、一緒に煮込んで香りをつける。ベルベル民族の村の祝い事の行事では、男児の顔にシナモンパウダーで魔除けのために模様を描く。女児の顔には、古代から染料として使用されてきたヘンナで模様を描く。

5　サフラン

サフランの花のめしべを乾燥させたもの。ひとつずつ手で収穫するうえ、170輪の花からとれるのはわずか1gと非常に少ないので大変高価。特別な日の魚介スープやパエリアだけでなく、ひとつまみのサフランを湯に浮かべてサフランティーとして飲むことも。陶器の彩色では淡い黄色に発色する。

6　ターメリック

ちょっと土くささを感じる独特の香りとほろ苦い風味が特徴。入れすぎると苦味が出るので、モロッコ料理で使うのはごくごく少量。食材に綺麗な黄色をつけることから、インディアンサフランと呼ばれる。サフランは高価なため、ターメリックで代用する人もいる。

7　ブラックペッパー

モロッコ料理に欠かせないスパイスのひとつ。挽いて粉末にしたものを使用する。野菜のピクルスを作る時は、ホールをそのまま加える。ドライイチジクの焼菓子に加えることがある。甘酸っぱいイチジクの風味とスパイシーなブラックペッパーのマリアージュが絶妙。

Chapter 2　》》》　食べて旅するモロッコ

سُوق اَلْأَعْشَاب
# ハーブマーケット

素敵な香りに包まれて、心も身体もリフレッシュ

　スークを歩くとミントに埋もれているような店がいくつもあるのに気づくだろう。よく見ると、奥にはミント以外のハーブも揃っているハーブ専門店だ。モロッコ人は1日に5回も6回もミントティーを飲むのでミントはどこの店でも山積みにされていて、価格はひと束10円ほど。他にも、料理に欠かせないイタリアンパセリとコリアンダー、そして茶葉として人気のタイム、ローズマリー、セージ、ゼラニウム、レモンバーベナ、ニガヨモギなどが並ぶ。

　ニガヨモギは身体を温める効果があり、ハーブティーとして飲まれていて、カフェのメニューでもよく見かける。レモンバーベナは名前のとおりレモンのような香りが特徴。アラビア語ではルイーザと呼ばれる。リラックス効果が高いので寝る前に好んで飲むモロッコ人が多い。おすすめの飲み方は鍋にルイーザの葉、牛乳、ハチミツを入れて弱火で煮出す「ルイーザミルク」。爽やかな香りにハチミツの甘さがぴったりで眠りに誘われる。

　小さい頃、腹痛の時はタイム、熱がある時はレモンバーベナのハーブティーを母が作ってくれた。体が不調の時は、ハーブティーを飲んで体を休めることが大切だと教わった。乾燥させたタイム、セージ、ゼラニウム、レモンバーベナを混ぜ合わせたものは、どの家庭でも常備薬のように保管している。消化不良や、風邪のひき始めにも効果的だ。今でも体調が優れない時は、自分で育てたハーブを乾燥させたお茶を飲むようにしている。

　ハーブの店にはいくつか種類があって、フレッシュハーブを扱う

香り高く、みずみずしい無農薬ハーブ。左から時計回りに、ディル、スペアミント、タラゴン、コリアンダー、ローズマリー、イタリアンパセリ。

店の他に、ドライハーブやバラのつぼみなどを専門に売る店、ラベンダーやゼラニウムなどの精油も扱う店などがある。ドライハーブの店では、タイム、カモミール、バラのつぼみといった数種類のハーブを混ぜ合わせたハーブティーが売られている。要望を伝えるとブレンドしてくれるので数回分作ってもらい、ホテルで飲んでリラックスするのもいい。

　同じハーブでも産地によって香りや含まれている成分が違うのを知っているだろうか。マグネシウムなどのミネラルが豊富なモロッコの土壌で育ったハーブは、効能が高くみずみずしい。モロッコでは、野菜だけでなくハーブも無農薬で栽培するのが一般的だ。また、土を守るために、ハーブをすべて収穫せずに一定量を土に還して土の養生に使ったり、畑を定期的に休ませたりする。土の健康を気づかいながら植物を育てる環境づくりに国が率先して取り組んでいる。

boutique des herbes

料理の風味づけの他、美容や健康のためにハーブを食べる習慣がある。

## ■ハーブ図鑑

身体を内側から癒してくれるハーブの効能。

**1. spearmint**

**2. rosemary**

**3. coriander**

**4. tarragon**

**5. italian parsley**

**6. dill**

1　スペアミント

　　ミントティーには欠かせない重要なハーブ。タブレというクスクスのサラダなどにも使う。気分をリフレッシュしたい時に香りをかぐ。フェズの皮染め工場では皮をなめす工程で使う鳩の糞の強烈な臭いを消すため、ミントの葉を大量に渡される。

2　ローズマリー

　　魚のタジンやフライドポテトを作る際、油にローズマリーの枝を入れて香りづけすることも。傷口を消毒する効果もある。日本でも入手しやすいハーブだが、モロッコでは腹痛時には湯の中にローズマリーの枝とハチミツを入れて飲む。

3　コリアンダー

　　ケミア（P.102）、ベルベルオムレツ（P.105）、クスクス（P.108）、など、イタリアンパセリと一緒に用いることが多い。料理の仕上げにちらすと彩りもよく、香りに深みが出る。イタリアンパセリのように、果実に混ぜるパナシェに加えるモロッコ人もいる。

4　タラゴン

　　グリルチキンで香りづけに使用することがある。アトラス山脈付近にある村では、愛のシンボルとされ、結婚式ではタラゴンで作ったネックレスを新郎新婦に贈る。ローズマリーのように、腹痛時には湯にタラゴンとハチミツを入れて飲む。

5　イタリアンパセリ

　　モロッコではイタリアンパセリが一般的。日本でパセリと呼ばれているものより、風味が柔らかい。フルーツジュース、果実を混ぜるパナシェに入れることもある。蚊に刺された時、患部に葉を当てると痒みを緩和する効果がある。

6　ディル

　　豆類を大量に食べるとお腹にガスがたまりがち。それを解消する働きを持っているのがディル。モロッコには野生のものが身近にあるため、田舎町では塩やブラックペッパーとともにグリルチキンなど鶏肉料理に使うこともある。

اَلزَّيْتُون
# オリーブ

## 艶やかに輝く、自然の恵み

　市街地から少し離れると見渡す限りのオリーブ畑が目に入ってくる。収穫時期になると、大勢の女性たちが大量の実をひとつひとつ丁寧に集める。オリーブオイル工場では、収穫された実はベルトコンベアで運ばれ、種が取り除かれた後、ペースト状に砕かれる。それから遠心分離機にかけられオイルと果肉に分けて搾油される。収穫されたものは同じ日のうちに搾油され大きなタンクへ移されボトリングされる。

　収穫シーズンの始まる11月初め頃、果実は綺麗なグリーンに輝いている。2週間ほど経つと、黄色がかった色からあやめ色のようなピンクがかった紫に変化する。さらに2週間ほどで艶をおびた漆黒へと変わっていく。グリーンはさっぱりとした風味、紫はコクが加わり、黒になるとかなり実が熟しているので、油分が多くどっしりとした味わいになる。オリーブの実の色は木の種類ではなく、熟成の度合いで変化する。

　オリーブ店では、高さ2mほどの樽の中にオリーブが漬けられている。苛性ソーダを使用せず、毎日水を変えてあく抜きをする伝統的な方法で作る。店内にはでき上がったオリーブが、バケツに山盛りにされてずらりと並んでいる。料理用のシンプルな塩漬けのもの、ハリサでマリネされたもの、にんじんやパプリカのピクルスを中に詰めたもの、ピーナッツを詰めたものもある。多くの店では、自分好みのオリーブとピクルスなどをマリネしてくれる。オリーブを選んだら、一緒にマリネする具材を選ぶ。そしてイタリアンパセリ、

# モロッコの台所

150616

この度は、弊社の書籍をご購入いただき、誠にありがとうございます。
今後の参考にいたしますので、下記の質問にお答えくださいますようお願いいたします。

Q/1. 本書の発売をどのようにお知りになりましたか？
- □書店で見つけて
- □Webサイトで（　　　　　　　　　　）
- □テーマにひかれて
- □イベントで（　　　　　　　　　　）

Q/2. 本書をお買い上げいただいたのはいつですか？　　年　　月　　日頃

Q/3. 本書をお買い求めになった書店とコーナーや場所を教えてください。
　　　　　　　　　　書店　　　　　　　　コーナー

Q/4. アノニマ・スタジオをご存知でしたか？
- □知っている
- □知らなかった

Q/5. この本をお買い求めになった理由は？
- □著者にひかれて
- □テーマにひかれて
- □タイトルにひかれて
- □写真・デザインにひかれて
- □その他

Q/6. 価格はいかがですか？　□高い　□安い　□適当

Q/7. よく読む雑誌は何ですか？

Q/8. 雑誌の特集で興味があるテーマは何ですか？

Q/9. モロッコへ行ったことはありますか？
- □Yes（都市名：　　　　　　　　　）□No

Q/10. モロッコで魅力的だと感じていることを教えてください。

Q/11. おすすめの旅行先や旅行してみたい国や町を教えてください。

お名前　　　　　　　　　性別 □男 □女　　　年齢　　　歳
ご住所 〒　　　－

ご職業

Tel.　　　　　　　e-mail

ありがとうございました

post card

料金受取人払郵便

浅草支店承認

8194

差出有効期間
平成28年
2月20日まで

111-8790

051

東京都台東区蔵前2-14-14 2F 中央出版
アノニマ・スタジオ

モロッコの台所 係

⊠ 本書に対する感想、著者へのメッセージなどをお書きください。

このはがきのコメントをホームページ、広告などに使用しても　可　・　不可　（お名前は掲載しません）

色鮮やかなオリーブは、料理によって使い分ける。

コリアンダー、ニンニク、唐辛子、ハーブ、ヤングコーンのピクルスを、ビニール袋や瓶に入れて混ぜ合わせてくれる。オリーブ店の主人が作るオリーブ漬けは、スーパーの瓶詰めよりも新鮮で味も香りも濃厚だ。たくさん味見もできるし、少量でも買える。
　モロッコ産のオリーブオイルは、スペイン産、イタリア産と比較すると深みやコクがある。少し苦みのあるフレッシュなグリーンの実に加え、成熟したまろやかな味わいの黒い実もふんだんに使用するからだ。僕の家の庭にはたくさんのオリーブの木があって、小さい頃、よくオリーブオイルを絞った。グリーンの実から搾るオイルはグリーンがかっていて、完熟の黒い実から搾るオイルは濃い黄色になる。絞りたてをパンにつけると、シンプルだけどごちそうの味がした。
　オリーブの木は十数年の若いものから、100年をゆうに超えている老齢のものもある。若い木の実から採れるオイルは、ハーブを思わせる軽やかな香りと舌触り。老齢の木の実から採れるものは、リンゴやレモンを思わせるフルーティな香りがする。樹齢や実の熟成度によってオイルの味が変わってくるので、それぞれの特徴を活かしつつブレンドする。
　シーズンが終わると、枝の剪定が行われる。枝を伸び放題にしておくと、実が小さくなり、良質なオイルが採れなくなるからだ。剪定した枝は、肥料として土に戻して再利用し、土壌の持つ力を最大限に活かした栽培を続けていく。

街なかのオリーブ店では試食をさせてもらって好みのものを探すと良い。

أَتَايْ بِالنَّعْنَاع
# ミントティー

## 爽やかな香りの甘いお茶

　僕たちモロッコ人の多くは1日に10杯以上、ミントティーを飲んでいるのではないだろうか。オープンカフェのテーブルには、男性同士で仲良くミントティーを飲んで語らう姿があちこちに。スークを歩けば、店のおじさんから、「買い物していけー、ミントティー飲んでいけー。」と声がかかる。お茶の時間には、ミントティー。食後にもミントティー。どれだけ飲んでも飽きない。甘み、渋み、爽やかさが口の中に広がりクセになる。僕は1歳くらいから飲みだし、他のどんな飲みものよりも気に入っていたそうだ。

　本場モロッコのミントティーを作るには、ガンパウダー、スペアミントの葉、砂糖を用意する。ガンパウダーは中国の緑茶で、茶葉がクルクルと丸まっており、まるで弾丸のように見えることからこのように呼ばれる。グリーンパールと呼ばれることもある。日本の緑茶とは異なり、味が濃く苦味も強いのが特徴。銀製のポットにガンパウダー、砂糖、湯を入れ、直火にかける。沸騰したところに、ミントの葉をひとつかみ放り込む。火を止めて、蓋をして待つこと2〜3分。自分の頭上よりも高い所にポットを持ち上げて、グラスに注ぐ。高い所から注ぐことによって、プツプツとした小さな泡がたくさんできる。泡があることがおいしいミントティーの証だと言われている。僕は、ポットを高く持ちあげて、片手にすっぽり収まるくらい小さいグラスに注ぐ瞬間が好きだ。泡がたっぷりできると、「あぁ、今日もおいしいミントティーが出来上がった」となぜだかうれしい気持ちになる。

高いところからミントティーを注ぐことできめ細やかな泡がたつ。

　広い国土を持つモロッコ。ミントティーに使用するのはスペアミントだが、生育する地域によって味と見た目がやや異なる。モロッコ人のあいだで一番上質と言われているのは、ラバト（Rabat）とフェズの中間にあるメクネス（Meknés）のものだ。その次に質が良いのは、南部ティズニット（Tiznit）や中央部スースのもの。北部のミントティーは砂糖をたっぷり入れるので非常に甘いが、南下するにつれて砂糖の量が減り、苦味が増す。

　最近、北部では、ガンパウダーの代わりにリプトンのティーバッグを使用する人がいる。僕も飲んだことがあるが、紅茶の味が強すぎて、ミントが感じられない。ガンパウダーとたっぷりのミントがあってこそ、モロッコのミントティーなのだ。

ミントティーには体内に溜まった老廃物を排出するデトックス効果がある。

## ティーセットのデザイン

　銀製のミントティーセットは、たいてい、どの家庭にもある。ティーセットでお茶の準備をするのを見て、僕も早くお茶を淹れられるようになりたいと思っていた。銀製のポットには、蔓や花をモチーフにしたデザインがエンボス加工で施されている。何も装飾のないシンプルなものもある。カサブランカ、マラケシュ、メクネスの他、小さな都市にはセッファリーン（Safarine）と呼ばれる銀製品を扱うスークがある。銀製品に興味がある人は訪れてみると良い。きっと素敵なお土産が見つかるだろう。
　ミントティーグラスには2種類あって、レストランやカフェでは、手のひらにすっぽり収まる高さ7cmほどのものを使用する。家庭では、この小さいサイズの他に、高さ10cmほどの少し大きめのグラスを使用することもある。モロッコ人は、グラスの上部を親指と人差し指で持ち、チビリチビリと、まるで酒を嗜むかのように楽しむ。お酒を飲まないイスラムの国モロッコでは、ミントティーはベルベルウィスキーとも呼ばれる。
　デザインはモザイク柄や草花のモチーフにしたものが多く、職人が丁寧に手描きしているものが多い。シルバーで装飾されているものは、ベルベルスタイルだ。吹きガラスのティーグラスも美しい。これはリサイクルガラスを使用していて、薄いグリーンがかった色合いが印象的だ。
　モロッコは物を大量生産しない国だ。流行に関係なく、デザインの多くは、職人の気分によって変わることも多い。一期一会、気に入ったグラスがあれば、迷わず手に入れたほうがよいだろう。

## お気に入りのティーグラス

　モロッコに帰省する度、数個のミントティーグラスを日本に持ち帰る。いつも見かける定番のものもあるが、たいていのグラスは色合いやデザインが変わるので、店用に買い足している。銀や銅のトレーにさまざまな様相のグラスをのせてミントティーを淹れると、皆、グラスの美しさやデザインのかわいらしさに歓喜の声をあげる。小さい頃から見慣れたグラスがたくさんの人を魅了することが新鮮で、一つひとつ心を込めてデザインされたグラスを誇らしく思う。ガラス製のものがほとんどだが、たまに陶器でできたグラスもある。フェズやサフィで作られたもので、手描きの模様が描かれている。
　スークで働く人々の休憩時間にもミントティーは欠かせない。工房の軒先に数人で座り込んで雑談を楽しんでいる。傍らにはトレーにのったミントティーグラス。彼らが使用するグラスは、ブルーや薄いグリーンがかったリサイクルガラスでできている。銀製品や銅製品の工房、革の縫製工房が立ち並ぶ埃っぽい通りの端で、ブルーやグリーンのグラスがきらきらと輝きを放っている。しかもこのリサイクルグラスは、中に入れる飲みものを美しくおいしそうに見せてくれる。
　マラケシュのメディナにあるスークやアンティークを扱うお店では、100年以上前に作られたリサイクルグラスを見かけることもある。ぽってりとした厚み、くぐもった色合いが独特の魅力を放っている。個人的には、リサイクルグラスに銀の装飾を施したベルベルスタイルのグラスが好きで、見かけると手に入れている。どんどんと増えていく僕のお気に入りのグラス達。そんなコレクションを眺めながら、次の来客時はどのグラスを使おうか、空想にふけるのだ。

| 1 | 手描きの模様が施された陶器のグラス。器とはひと味ちがった風貌。 |
| 2 | ガラス製のものはカラフルなデザインも多いが、ベルベルスタイルのシックな佇まいが美しい。 |

Chapter 2 》》》 食べて旅するモロッコ

**terrasse de café**
カフェテラスに並ぶおじさんたち。お気に入りの席でのんびりとくつろぐ。

اَلْقَهْوَة

# カフェ

**thé à la menthe**
ミントの色と香りは気持をシャキッとさせてくれる。

## モロッコ人男性の社交場

　小さい頃は、父や叔父に連れられてカフェに行くのが楽しみだった。コーヒーやノスノス（P.79）が飲みたくて仕方なかったが、子どもなので飲ませてはもらえなかった。17歳になって初めてひとりでカフェに入った時、大人の仲間入りをした気分でドキドキした。この時飲んだノスノスはほろ苦く、今でもその味を覚えている。

　カフェはいつも多くの人であふれている。冬でもそれほど寒くないので、どの店にもたいていはテラス席があって、室内よりも人気がある。店に入る前にテラス席をチェックしてみて、そこに座っているのがすべて男性ならそれは男性専用のカフェ。おしゃれな雰囲気はなく、ウェイターは普段着のおじさんだ。この種のカフェは、モロッコ人女性は滅多に入らない。女性は入店禁止ではないが、男性達の社交場なので入ると男達は顔をしかめるだろう。こういうカフェはドリンクが安くて、コーヒー40円、ノスノス50円、小さいポットのミントティー70円というのが相場だ。小さな店に買い物

モロッコには、日本の茶道のようにアッツァイと呼ばれるお茶のたしなみ方がある。

に行くと店主がいないことが多いのは、こうした近くのカフェでくつろいでいるからだ。モロッコの男性にとって、カフェはサッカー観戦や仲間との語らいの場。なくてはならない楽しみのひとつだ。

　カサブランカやマラケシュには、ブルーやグリーンを基調としたおしゃれなカフェが増えている。オレンジやレモンの木が生い茂った緑豊かな庭のあるカフェには、コーヒー以外にもパナシェやミルクセーキなどのドリンクがある。ミントティーにも種類があり、スペアミントを使ったもののほか、ペパーミントやスフィという、葉にふさふさとした短毛がついたミントを使う。そのほか、とても苦い砂漠のミントティーを用意しているところもある。男性用カフェよりもメニューが豊富で雰囲気も良いので、こちらもつい長居してしまう。街歩きに疲れたら、カフェでひと休みしてみよう。カフェに身を置いてのんびりと街をながめながら、モロッコ人の日常生活を味わってみるもの旅の醍醐味だ。

# ■ カフェドリンク

ミントティーやコーヒー以外にも、カフェのドリンクメニューは多彩。

*1. carrot*
*2. orange*
*3. chocolat chaud*

1 にんじんジュース

少しクセのある味がするにんじんは、絞りたてのオレンジジュース、香りづけのシナモンとミックスすれば、爽やかでほんのりとした甘みのあるジュースになる。オレンジフラワーウォーター（オレンジの花を水蒸気蒸留した100％天然フラワーウォーター）を入れるのが好きなモロッコ人も多い。

2 オレンジジュース

新鮮なオレンジを専用のジューサーで絞る。オレンジとひと言でいっても、モロッコにはたくさんの種類がある。ジュースには、ラ・ヌールと呼ばれるオレンジを使用することが多い。他のオレンジに比べると果汁が多い。モロッコのカフェやレストランには絞りたてのフレッシュジュースが気軽に飲めるという贅沢がある。

3 ショコラショー

ミルクとたっぷりのチョコレート、香りづけのクローブとシナモンを小さな鍋に入れて火にかける。フランスの植民地時代にモロッコへやってきた。濃厚なショコラショーは、寒い冬にはもってこいだ。僕が菓子職人の見習いだった頃、カサブランカにあるフレール・グルメ（Freres Gourmets）のドロドロのショコラショーをよく飲んだものだ。

4　ナッツパナシェ

　　ミルクにバナナ、ナッツ、ドライフルーツを加えたパナシェ。パナシェは、数種類のジュースなどを混ぜ合わせたドリンク。ドロドロとした濃厚な口あたりで、栄養もおいしさもたっぷり。アーモンド、クルミ、デーツ、イチジクを加えたものや、オレンジジュースとメロンまたはマンゴーのパナシェも人気。

5　ノスノス

　　ノスノスとは、半分半分の意味。つまり、コーヒーが半分、ミルクが半分のカフェオレだ。19世紀初めに、イタリアのエスプレッソマシンがもたらされ、モロッコのカフェにも登場するようになった。珈琲とミルクの層が綺麗に分かれた小さなグラスで出てくる。砂糖をたっぷりと加え、よくかき混ぜるのがモロッコ流。

6　カフア

　　銀製または銅製の小さな小さなポットで1杯ずつ丁寧にコーヒーが入れられる。コーヒーはイエメンからモロッコに伝わり、ミントティーが広く飲まれるようになるずっと前から飲まれていた。家族が揃う時には、コーヒーと菓子が食卓に並んだ。クローブやシナモンで香りづけすることが多い。

# اَلْأَكَلَات اَلْخَفِيفَة
# おやつ

### しっかり甘いおやつのおいしさ

　老若男女を問わず、甘いものが大好きなモロッコ人のおやつはもちろん甘い。昼食が終わってしばらくすると、大きなお皿に山盛りにされた焼き菓子とミントティーが運ばれてくる。モロッコ人は外で散歩しながら甘いものを食べるのも好きで、路上でもおやつを売る露店がたくさんある。街を散策しながら食べ歩くのは楽しい。

　露店では、バグリール、スフェンジ、シュバキアをよく見かける。バグリールは、丸い穴がたくさんあいた薄いクレープのようなパンケーキ。おばさんたちが木箱の上にレースをひいて、その上に何十枚ものバグリールを重ねて売っている。僕も小さい頃、母から作り方を習い、バグリールを路上で売ったことがある。薄くてモチモチした食感が楽しい。オリーブオイルをつけて食べるのが人気だが、僕は溶かしたバターとハチミツをたっぷりと穴の中に浸み込ませるのが抜群においしいと思う。

　スフェンジは、モチモチのドーナツ。そのままでもおいしいが、砂糖をつけてもらうとさらにおいしい。持ち帰る場合は、葉っぱで作った紐をドーナツの穴に通してくれるので、ぶらぶら下げて帰る。シュバキアは、かりんとうをハチミツに漬けたようなおやつだ。小麦粉、アーモンドプードルなどをこねたものを伸ばして専用の型で抜き、成形した後、油で揚げてあたたかいハチミツに漬ける。シュバキアを売る店を見て仰天する人もいるだろう。山盛りのシュバキアに、ミツバチの大群が群がっているからだ。きっとハチミツの香りに誘われて、ミツバチがやってくるのだろう。モロッコのおやつはとっても甘いけれどクセになる。カロリーが心配かもしれないが、おいしいのだ。こればかりは仕方ない。

ザクロやオレンジなど、甘みも酸味もしっかりとして味が濃い。

## 季節を味わうフレッシュフルーツ

　毎食後のデザートに食べるフレッシュフルーツは、日々の食卓に欠かせない。家の近くにあるスークのフルーツ屋へ行って、旬のフルーツをキロ単位で購入する。数種類買う時は値段を交渉してみるとよい。儲けがないなどと言いつつも、値下げしてくれることが多い。モロッコ人はそのまま食べるのも大好きだが、絞りたての果実のジュースも人気。ジュース屋では数種類のフルーツジュース混ぜて作るパナシェも注文できる。

　春においしいのは、サクランボ、イチゴ、モモ、ネクタリン。イチゴとモモのパナシェは大人気。夏は、イチジク、ウチワサボテン、メロン、スイカ、モモ、プルーン、ブドウ。イチジクは2種類あって、黒い皮の果肉は赤く、グリーンの皮の果肉は白い。そのまま食べたり、ハチミツをたらして食べる人もいる。イチジクは夏の初めと終わりに2回実るので、2回目のものは枝のそのまま置いておき、

orange juice stand

甘酸っぱい香りが漂う
オレンジジュース屋。
搾りたてが飲める。

　秋になってから収穫する。1週間ほど日干ししてドライフルーツとして楽しむのだ。ウチワサボテンはアボカドに形が似ている。外側はグリーンで、熟してくると黄色や赤になる。トゲだらけの皮をむき中身をそのまま食べる。果肉は鮮やかな黄色でゼリーのような食感。熟したものは甘くパパイヤのような味がする。スイカは細長い丸形で果汁がたっぷり。ジュース屋では、スイカやメロンの爽やかな味わいのジュースが人気だ。

　秋になると、リンゴ、洋ナシ、ブドウ、ザクロのほかに、柑橘類もたくさん登場する。マンダリンオレンジ、タンジェ、ブラッドオレンジ、グレープフルーツなど種類はとても多く、例えば、タンジェ（Tangerine）という品種はタンジール人（Tangier）に由来するモロッコ生まれのオレンジだ。デコポンに形が似ていて、皮は赤みがかった濃いオレンジ色で香り高く、果肉は甘みがある。ザクロの実は甘みが強く皮はなめした革を赤く染めるのにも使用される。

　冬は、オレンジ、イチゴ、バナナ、カリン。リンゴよりひとまわり大きく、薄い黄色の皮に包まれ芳醇な香りを漂わせているカリンは、シナモン、クローブ、スターアニス、カルダモンと砂糖と水少々でシロップ煮にしたり、玉ねぎやトマトと一緒に煮込んでタジンとして食べることが多い。

## スークに並ぶドライフルーツ

　自家製ドライフルーツを作るモロッコ人もいるが、たいていはスークで購入する。豆類やナッツ類を売る小さな店やドライフルーツとナッツを専門に売るスークでは、木箱にはいったドライフルーツが並んでいる。デーツ（ナツメヤシの実）、イチジク、アプリコット、プルーン、レーズンなどのなかから、欲しいものを指差せば、量り売りで購入できる。

　ドライフルーツのなかでも、モロッコへ行ったらデーツを探してみてほしい。イスラムの預言者であるモハメッドがデーツの高い栄養価について説いていたことからも、デーツを好んでよく食べる。デーツだけを30種類以上揃える専門店のような店もある。薄い茶色、濃い茶色、赤っぽい茶色、こげ茶色、黒など、一見しただけでも種類の違いが分かる。長細いものから、まん丸のもの、綺麗な楕円のものなど、形も異なる。ザラザラとした舌触りでかなり甘いもの、黒砂糖を思わせるもの、ややすっきりとした甘みのもの、ブランデーのような風味のものなど、味もさまざまだ。日本ではなかなか味わうことができないので、食べ比べてみるととてもおもしろいだろう。

　ドライフルーツのスークでは、ドライフルーツと一緒にアーモンドやカシューナッツなどのナッツ類も一緒に売られている。いろいろと混ぜ合わせたものをビニール袋に入れてもらえば街歩きにぴったりのおやつになる。

fruits secs boutique

予算を伝えれば、おまかせでナッツとドライフルーツのミックスを作ってもらえる。

اَلْحَلَوِيَّات آلتَّقْلِيدِيَّة
# 伝統菓子

## 色も形もかわいい、ティータイムのおとも

　モロッコの女性は普段から菓子をよく作る。だが、手間のかかる菓子が多いので、突然の客人があるとパティスリーへ買いに行くこともある。ラマダンや結婚式など特別な行事の前にもパティスリーへ行く。行事に備えて女性たちが集まり伝統菓子を数百個単位で作るのだが、たくさんの客人たちへの手土産の菓子まではなかなか準備できないため、パティスリーに注文するのだ。

　パティスリーには常時40〜50種類の菓子が並んでいる。丸、三角、四角、花、そしてイスラムのモチーフである月や星など。色とりどりのかわいい形の菓子は、ひとくち、ふたくちで食べられるくらいのサイズ。あれはどんな味なのだろう、これはどんな香りが口に広がるのだろう、と考えながら選ぶのが楽しい。菓子は量り売りなので、たいていは1kg、2kgと大量に購入する。大皿にたくさんの菓子を並べ、皆でまわしながら食べるのだ。

　家庭では、時間をかけてじっくり丁寧に菓子を作る。アーモンドを茹でて、念入りに皮をむき、ゆっくりと砕く。おいしいお菓子を作る秘訣は、良い素材を用意することと丁寧に作ることだ、とモロッコ人は言う。

　よく作るのは、三日月型のカーブ・ド・ガゼルや真ん中が空洞になったブレスレット型のカークといったかわいい形のもの。オーブンで焼くフッカース（P.119）やゴリーバ（P.121）はシンプルな味わい。他にも生地の中にアーモンド、ココナッツ、ゴマ、ピーナッツを砕いたもの、デーツのペースト、アプリコットジャムなど、さ

家族や友人とおしゃべりをしながら、お菓子をいただく午後のひととき。

カラフルなお菓子がところ狭しとならぶスークのパティスリー。

まざまな素材を練り合わせた複雑な味が隠れている焼き菓子もある。
　揚げたてをハチミツやシロップに漬ける菓子もある。三角形のブリワットや細長い葉巻の形をしたシガー、バラの花のようにも見えるシュバキアもよく見かける。ブリワットの中には、フラワーウォーターで香りづけしたアーモンドやピーナッツのペーストが入っていて、口に運ぶとふんわりと華やかな香りが広がる。シガーの中には、シナモンで香りづけされたアーモンドペーストが入っている。ハチミツを多用するシュバキアは舌にまとわりつくような甘さ。まったりとした甘さのなかにナッツやゴマの香ばしい風味が楽しめる。初めて食べる人は口を揃えて「甘い！」と驚くけれど、だんだん甘さに慣れてきて、もう1つ、もう1つと手が伸びるようになる。

## 伝統菓子の作りかた

　もともとモロッコにあった菓子は、ベルベル民族のバグリールとムスンメンだったが、アラブ人がハチミツ、アーモンド、ゴマを使うアラブ菓子をモロッコに持ち込んだ。その後16世紀に、アンダルシア地方からフェズにやってきたイスラム教徒とユダヤ教徒が、ワルカと呼ばれる薄いクレープ生地のようなものをもたらした。スークや伝統菓子の店をのぞくと、アラブ菓子が原型となったもの、ワルカを使った手のひらにすっぽり収まるほどの小さな焼き菓子や揚げ菓子が何十種類も並ぶ。

　伝統菓子にはハチミツやオレンジフラワーウォーターも使う。モロッコはハチミツの種類がとても豊富で、赤レンガ色のもの、濃厚な味わいのもの、少し苦味を感じるものなどさまざま。オレンジ、レモン、イチジクなどの果実系、ラベンダー、ローズマリー、タイムなどのハーブ系がある。珍しいものでは、アーモンドやバラ、サボテンのハチミツもある。アルガンの花から採れる色黒の貴重なアルガンハチミツも忘れてはならない。揚げ菓子を作る時は、好みのハチミツをたっぷり用意し、揚げたての菓子を放り込む。

　ビターオレンジの花から抽出したオレンジフラワーウォーターで香りづけした飲み物やアーモンド菓子は、口に運ぶと芳醇な香りがふわりと漂う。オレンジフラワーウォーターは食べるだけではなく、香水として使用したり、大切な客人にふりかけたり、モロッコの日常生活のあらゆる場面で欠かせない。

# ■伝統菓子図鑑

見た目は似ていても、地域や店によって独自にアレンジされている伝統菓子。

1. hilal

2. ferraka

3. kwirate be chocolate

4. mejmer

1　ヒラル

月型に成形することから、アラビア語で月を意味する呼び名がついた。子どもが生まれた時に家庭で作られることが多い伝統菓子。アーモンドペーストを小麦粉の薄い生地で包み、たっぷりとゴマをまぶしてオーブンで焼いたもの。

2　フレカ

洗濯板に似せた凹凸がついていることからフレカ（洗濯板）という名前がついた。種類はいくつかあるが、これはチョコレートを使うモダンスタイル。焼きあがったココアサブレをチョコレートに浸し、ローストしたカシューナッツとアーモンドをまぶす。ほろ苦いサブレにチョコレートの甘さがぴったり。

3　クエラ・ブ・ショコラ

ラマダン明けの祭りに食べることが多い。オーブンでこんがりと焼いた小麦粉に、アーモンドプードル、やや粗く砕いたピーナッツとゴマ、シナモンやラスハヌーツなどのスパイス、溶かしバター、ひまわり油、ハチミツを加え、よく混ぜ合わせてボール型に丸めたもの。

4　ムジュマロ

1980年頃から見かけるようになったサブレ。伝統菓子の生地はアーモンドプードルのみを使用するが、小麦粉も混ぜるモダンスタイル。ムジュマロとはタジンを調理するコンロで、真ん中の空洞に炭を入れ熱して調理する。赤いイチゴジャムは火をイメージしている。

5. ghoriba

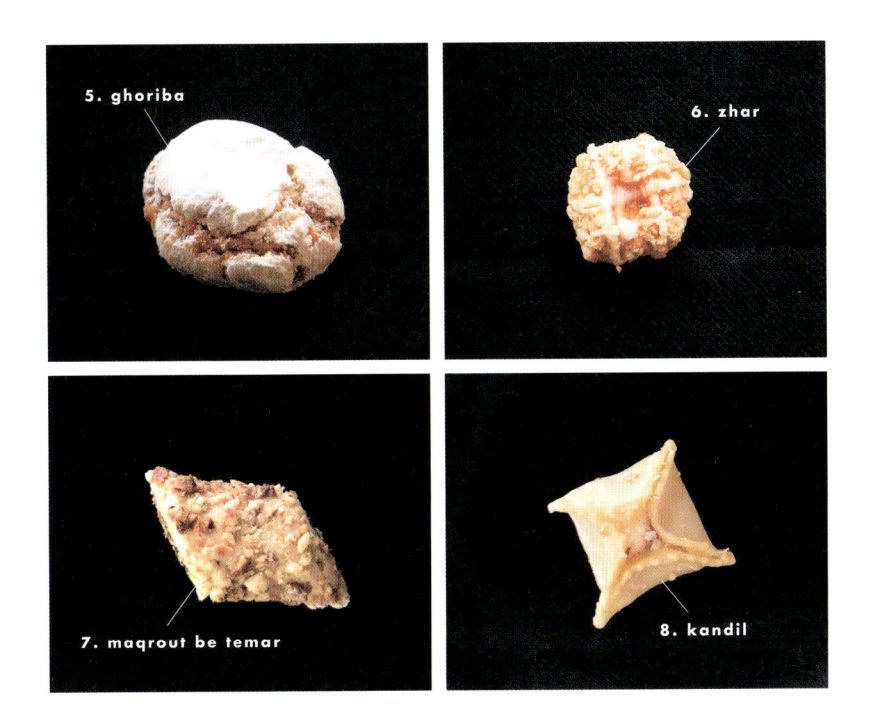

6. zhar

7. maqrout be temar

8. kandil

5 ゴリーバ

現在のような菓子がなかった時代、モロッコのおやつはパンだった。最初にゴリーバが作られた時、パンとは見かけも食感も違う菓子を見て、人々が何と奇妙なんだ、と言いだしたことから名前がつけられたという。ひび割れがある姿が美しいとされる。

6 ズハル

ズハルとはオレンジの花のこと。オレンジの木に咲く、小さな花の可憐な姿を表現したひと口サイズの菓子。小麦粉と砕いたピーナッツ、ひまわり油、砂糖をよく混ぜ合わせてオーブンで焼く。真ん中にはオレンジのジャムをのせる。

7 マカロートゥ・ブ・ツマル

アラビア語で、マカロートゥは切り分ける、ツマルはデーツの意味。長い棒状の生地をひし形に切り分けることからこのように呼ばれる。デーツと砕いたピーナッツのペーストを小麦粉の生地で巻いてオーブンで焼く。デーツの力強い甘さを感じる。

8 カンディール

形がモロッコのランプ、カンディールに似ていることから名前がついた。アーモンドパウダーとやや粗く砕いたゴマをペーストにし、小麦粉にバターとオレンジフラワーウォーターを加えた生地で包んで焼く。素材と味が同じものにカーブドガゼルがある。

Chapter

# 3

作って味わうモロッコ料理

---

この本のなかに出てくる料理は、僕が長年慣れ親しんだふるさとの味だ。モロッコを何度も訪れたことがある人には懐かしく、初めての人には新たな味との出会いになるかもしれない。ここでは、日本の家庭でも現地の味を再現できる17のレシピを紹介する。

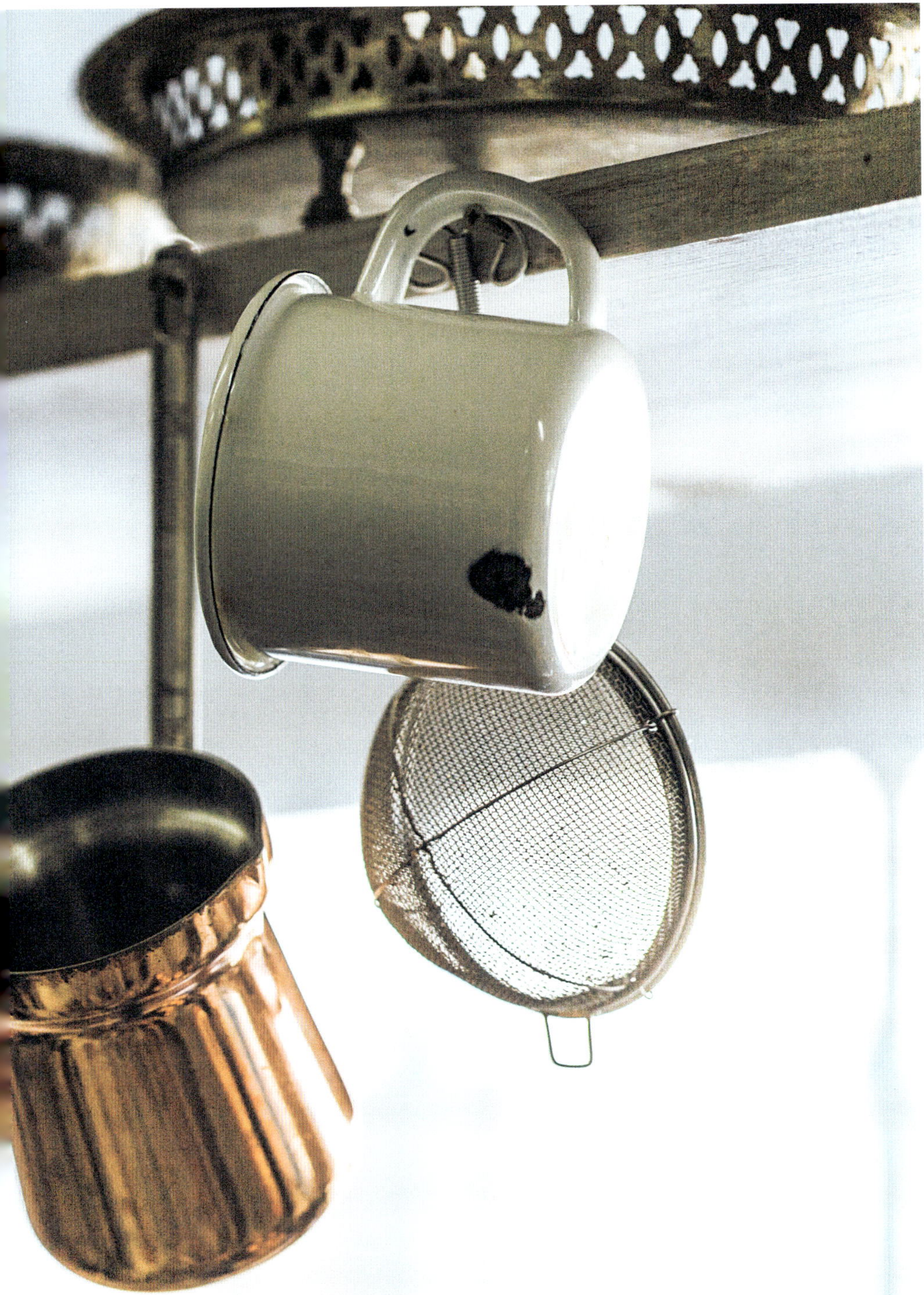

チキンとレモンとオリーブのタジン

レモンコンフィ

اَللَّيْمُون الْمُصَبَّر
## レモンコンフィ

たっぷりの塩でじっくりとレモンを漬け込み発酵させたもの。300年以上も前から受け継がれる伝統のかくし味。漬け込む期間によって酸味と苦みのバランスが変わるため、数か月漬けたものと、1年半以上熟成させたものを使い分ける人もいる。サラダや煮込み料理だけでなく、肉や魚のグリル料理の下味をつけるペーストなどにも使う。

### 材料

無農薬レモン　6個
天日塩　350〜380ｇ
煮沸済の瓶（1.8〜2ℓの瓶を使用）

### 作り方

① レモンのヘタを取り、上から十字に切り込みをいれる。少し広げて中に塩をいれる。
※塩をレモンになじませるため、切り離さない。
② 瓶にレモンをつめていく。押しつぶさない程度に軽く押し込み、残った塩をすべて瓶にいれる。
③ 冷暗所で保管する。3日後、沸騰したお湯をレモンにひたひたにかぶるくらい加える。

夏：1か月半〜2か月で完成。
冬：2か月半〜4か月で完成。1年程度で使い切るのがおすすめ。半年以上経つとゼリー状になることがあるが、レモンから出るペクチンという成分によるもの。食べても問題はない。

保存方法：完成後は常温または冷蔵庫保存。取り出す時はフォークなどで。皮、果肉、種、汁、すべておいしく食べることができる。

طَاجِين بِالدَّجَاج وَ اَللَّيْمُون
## チキンとレモンと
## オリーブのタジン

宮廷料理のメイン料理として登場することも多いが、街の食堂のメニューに必ずあり、家庭でもよく作る。使用する肉の部位によって、スープの味わいが異なるため、もも肉とむね肉の両方を使用するのがおすすめ。骨付き肉を煮込むと、スープに深いコクがでる。

### 材料【2～3人分】

鶏肉（もも肉、むね肉）　450～500g
玉ねぎ（みじん切り）　小1個
グリーンオリーブの実　10～12粒
オリーブの漬け汁　大さじ2
レモンコンフィ（P.94）　1/2個（Ⓐ）
レモンコンフィの汁　大さじ1
オリーブオイル　大さじ1
水　50㎖

[a]
- レモンコンフィ　1/2個（Ⓑ）
- ニンニク（すりおろし）　1片
- ジンジャーパウダー　小さじ1/4
- ブラックペッパー　小さじ1/4
- ターメリック　小さじ1/4
- パプリカパウダー　小さじ1/4
- イタリアンパセリ（みじん切り）　大さじ1
- オリーブオイル　大さじ2
- 塩　小さじ1/2

### 作り方

① レモンコンフィを2等分する。半分はそのまま（Ⓐ）、もう半分は果肉を細かくきざみ、皮は細切りにする（Ⓑ）。
② ボウルに[a]を入れ混ぜ合わせペースト状にする。半分くらいに切り分けた鶏肉を加え、手でペーストをすり込む。
③ 時間がある場合は、この状態で数時間冷蔵庫に入れておくと鶏肉に味がしみ込みよりおいしくなる。
④ タジンにオリーブオイルをひき、玉ねぎを透き通るまで炒める。
⑤ ④に②の鶏肉を加え、表面を軽く焼く。
⑥ レモンコンフィ（Ⓐ）、オリーブの実、オリーブの汁、水を加えて、弱火で30～35分煮込む。

ビーフとプルーンとアーモンドのタジン

Chapter 3 》》 作って味わうモロッコ料理

طَاجِين اَلْبَقَرِي بِاَلْبَرْقُوق وَ اَللَّوْز
# ビーフとプルーンと
# アーモンドのタジン

シナモンが香るビーフとプルーン、上にはフライドアーモンドがアクセントに添えられる。牛肉とドライフルーツのマリアージュが生み出す味わいは、どっしりとした深いコクがある。家庭では、結婚式など特別な機会に大勢で食べる料理。宮廷料理を供する高級レストランでお目にかかることもできる。肉にプルーンをすりつけて食べる。

材料【2人分】

牛肉（ブロック）　350〜400ｇ
玉ねぎ（みじん切り）　小１個
[a]
- ターメリック　小さじ1/4
- ジンジャーパウダー　1/4
- ブラックペッパー　1/4
- 塩　小さじ1/2
- 水　10㎖

[b]
- プルーン　6粒
- シナモンスティック　1本
- シナモンパウダー　小さじ1/4
- ハチミツ（またはブラウンシュガー）　大さじ3

ニンニク（みじん切り）　1片
オリーブオイル　大さじ1と1/2
生アーモンド（皮なし）　6〜7粒

作り方

① タジンにオリーブオイルをひき、ニンニク、玉ねぎを炒める。
② ①に牛肉を加え、両面を軽く焼く。
③ [a]をボウルに入れて混ぜ合わせ、②にかける。弱火で15分ほど煮込む。
④ [b]を小さな鍋に入れ、プルーンがかぶるくらいの水（分量外）を入れる。焦げやすいので注意しながら、水分がほぼなくなるまでゆっくり煮込む。
⑤ ④をタジンに入れて弱火で10分ほど煮込む。
⑥ 生アーモンドを170℃の油でキツネ色になるまで揚げ、食べる前に上からちらす。

ザルーク
（ナスのサラダ）

サラダヒーゾ
（にんじんのサラダ）

チュクチュカ
（トマトとピーマンのサラダ）

ルビア
（白いんげん豆の煮込み）

サラダバタタ
（じゃがいものサラダ）

Chapter 3 》》》 作って味わうモロッコ料理

سَلَطَات مُتَنَوِّعَة
## ケミア

宮廷料理の前菜として出される、ケミアと呼ばれる野菜と豆の小皿料理。大きく分けると、スパイスやハーブで煮込んだものと、オリーブやレモンジュースのドレッシングであえたものの2種類がある。ナス、トマト、にんじん、じゃがいも、いんげん豆、ピーマン、ズッキーニや、日本では手に入りにくいビーツもよく登場する。

زَعْلُوك
## ザルーク

ナスのサラダ。ハリサ（P.59）を加えると少しピリッとして味がひきしまる。黒オリーブを添えることもある。ハリサとレモンコンフィの汁はなくても良いが、入れると現地の味になる。

### 材料【2〜3人分】
ナス　3本
トマト缶（カット）　200g
[a]
　ハリサ　小さじ1
　レモンコンフィの汁　大さじ1
　クミンパウダー　小さじ1
　パプリカパウダー　小さじ1
　塩　小さじ1/2
ニンニク（みじん切り）　1片
オリーブオイル　大さじ2

### 作り方
① ナスを長さ5cmの拍子木切りにする。
② フライパンにオリーブオイルをひき、ナスを炒める。
③ ナスがしんなりしたら、ニンニク、トマト缶を加えて2分ほど炒める。
④ [a]をすべて加えて、水分がほぼなくなるまで弱火で煮込む。

## شَكْشُوكَة
## チュクチュカ

トマトとピーマンのサラダ。ピーマンの香ばしい風味にクミンの香りがよく合う。トマト缶の代わりに、フレッシュトマトを使用すると味が軽やかになる。その場合、トマト2個を湯せんして皮をむき、みじん切りにして使用する。

### 材料【2〜3人分】

ピーマン　6個
[a]
　┌ トマト缶（カット）　200ｇ
　│ クミンパウダー　小さじ1
　│ パプリカパウダー　小さじ1
　│ ブラックペッパー　小さじ1/4
　└ 塩　小さじ1/2
ニンニク（みじん切り）　1片
オリーブオイル　大さじ2

### 作り方

① オーブンやトースターでピーマンを丸ごと焼いて表面を焦がす。ピーマンはビニール袋に入れて冷まし、流水で洗いながら皮をむき、中の種を捨てる。
② フライパンにオリーブオイルをひき、ニンニクを炒める。[a]を加え、よく混ぜながら数分煮込む。
③ ピーマンを細長く切り、②に加える。よく混ぜ合わせ、水分がほぼなくなるまで煮込む。

---

## سَلَاطَة خِيزُو
## サラダヒーゾ

にんじんの甘みとクミンのスパイシーな香りがぴったりのサラダ。ビネガーの代わりにレモンジュースを使用したり、レーズンを加えてもおいしい。

### 材料【2〜3人分】

にんじん　2本
[a]
　┌ ビネガー　小さじ1
　│ イタリアンパセリ
　│ 　（みじん切り）　1本
　│ クミンパウダー　小さじ1/4
　│ パプリカパウダー　小さじ1/4
　└ オリーブオイル　大さじ1
ニンニク（みじん切り）　1片
オリーブオイル　大さじ1

### 作り方

① にんじんを長さ5cmの拍子木切りにする。4、5分ゆでて、柔らかくなったらザルにあげて水を切る。
② 鍋にオリーブオイルをひき、ニンニクを炒める。
③ ②に[a]を加え、中火で3、4分混ぜながら炒める。
④ 火を止めてにんじんを加え、よく混ぜ合わせる。

## اَلْلُوبِيَا
### ルビア

海辺の町のレストランでは、パエリヤやシーフードフライに添えられて出てくる、白いんげん豆の煮込み。食べる時、好みでグリーンオリーブを添えると酸味が加わり、ほっこりと甘いいんげん豆によく合う。

材料【2〜3人分】

白いんげん豆（乾燥） 300g
玉ねぎ（みじん切り） 1個
[a]
- トマト缶（カット） 200g
- ジンジャーパウダー 小さじ1/2
- ターメリック 小さじ1/2
- ブラックペッパー 小さじ1/4
- 塩 小さじ1/2
- 水 700ml

ニンニク（みじん切り） 1片
オリーブオイル 大さじ3

作り方

① 白いんげん豆はたっぷりの水にひと晩水に漬けて、ざるにあげて水を切っておく。
② 鍋にオリーブオイルをひき、玉ねぎとニンニクを炒める。
③ ②に白いんげん豆と[a]を加えて、中火で30分ほど、豆が柔らかくなるまで煮込む。

---

## سَلَاطَةُ ٱلْبَطَاطَة
### サラダバタタ

シーフードグリルやケバブ（肉の串焼き）に添えるさっぱりしたじゃがいものサラダ。マリネ液と混ぜ合わせた後、味をしみ込ませるために1時間ほど置いておくのがおすすめ。

材料【2〜3人分】

じゃがいも 2個
[a]
- イタリアンパセリ（みじん切り） 1〜2本
- クミンパウダー 小さじ1/4
- ブラックペッパー ひとつまみ
- オリーブオイル 大さじ1
- 塩 小さじ1/4

作り方

① 皮をむいたじゃがいもを2cmの角切りにする。柔らかくなるまでゆで、ザルにあげて水を切る。
② ボウルに[a]を入れてよく混ぜ合わせ、マリネ液を作る。
③ ②にじゃがいもを加えよく混ぜ合わせる。

## طَاجِين اَلْبَيْض وَ مَطِيشَة
## ベルベル オムレツ

トマト、玉ねぎ、卵を使ったシンプルなオムレツ。クミンとパセリの香りがアクセントになっている。煮込む時にオリーブの実を加えると、酸味が加わり新たな味わいに。ホブスでアツアツのオムレツをすくっていただく。

### 材料【2人分】

トマト（みじん切り）　2個
玉ねぎ（みじん切り）　1/2個
卵　2個
唐辛子　1本
イタリアンパセリ　3〜4本
オリーブオイル　大さじ2
[a]
- クミンパウダー　小さじ1/2
- パプリカパウダー　小さじ1/4
- ブラックペッパー　小さじ1/4
- 塩　小さじ1/2

### 作り方

① 唐辛子は種を取り出して輪切りにする。イタリアンパセリはざく切りにする。
② タジンにオリーブオイルをひき、玉ねぎと唐辛子を炒める。玉ねぎが透明になったらトマトと[a]を加え弱火で10分ほど煮込む。
③ トマトの形が煮崩れたら卵を割り入れ、好みの固さになるまで煮込む。イタリアンパセリをふりかける。

野菜のクスクス

Chapter 3 》》 作って味わうモロッコ料理

كُسْكُس بِالْخُضَار
## 野菜のクスクス

　7種類の野菜を使用したカサブランカスタイルのクスクス。レストランでは蒸らしたクスクスを山の形に盛り付け、その上に野菜を放射線状に並べる。家庭では、直径50cmほどの大皿に山盛りにしたクスクスの上に煮込んだ野菜をどっさりとのせる。

材料【2人分】
〈クスクス〉
クスクス　100ｇ
沸騰した湯　100㎖
オリーブオイル　大さじ1
※オリーブオイルの代わりにバターを使用するとリッチな味わいに。
〈スープ〉
ひよこ豆（乾燥）　50ｇ
玉ねぎ　2個
にんじん　1本
大根　1/2本
ズッキーニ　1本
オクラ　6本
かぼちゃ　1/2個
トマト　1個
そら豆　10〜12粒
イタリアンパセリ（みじん切り）　2本

[a]
- ジンジャーパウダー　小さじ1
- ターメリック　小さじ1
- ブラックペッパー　小さじ1/2
- ラスハヌーツ（P.72）　小さじ2
- オリーブオイル　大さじ3
- 塩　小さじ1
- 水　650㎖

作り方
〈クスクス〉
ボウルにクスクスを入れる。湯を加え、アルミホイルで蓋をして3分蒸らす。オリーブオイルを加え、フォークなどでほぐす。
〈スープ〉
① ひよこ豆はひと晩水に漬ける。
② 玉ねぎは薄くスライスする。にんじん、大根、ズッキーニは長さ10㎝の拍子木切りにする。オクラはヘタを切り落とす。かぼちゃは皮付きのまま6等分、トマトは湯せんして皮をむき4等分にする。
③ 鍋にオリーブオイルをひき、玉ねぎを炒める。かぼちゃとそら豆以外の食材と[a]を入れて煮込む。沸騰したらかぼちゃとそら豆を加え、さらに20分ほど煮込む。
④ 蒸したクスクスを丸い山の形に盛り付け、野菜を放射線状に並べる。食べる直前に好みでスープをかける。

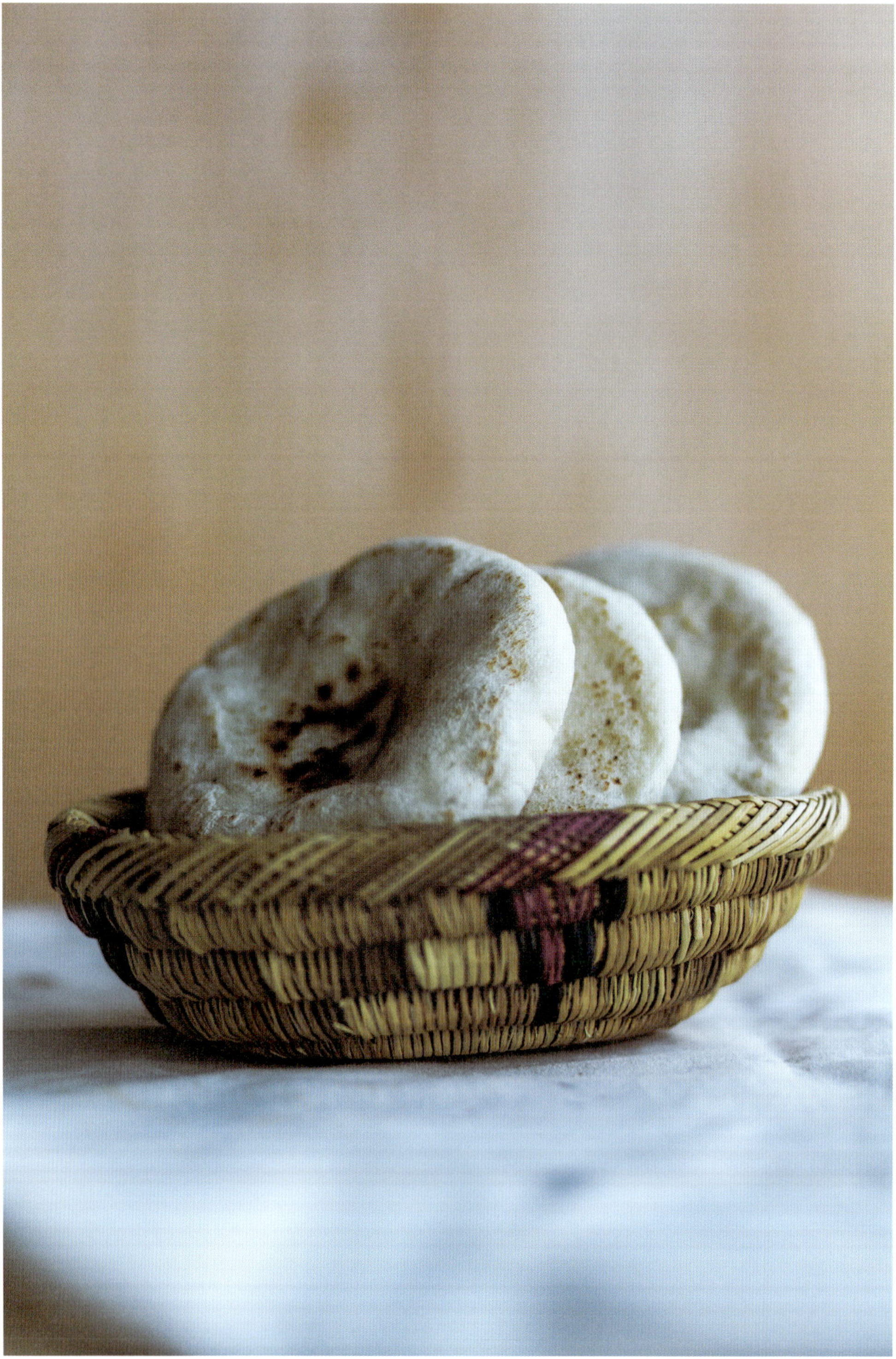

## اَلْبَطْبُوط
## バトボット

材料をこね、フライパンで焼くだけのシンプルなパン。食感はモチモチして食べごたえがあり、タジンといっしょに食べる。焼くとぷっくりと膨らみ空洞ができるので、半分に切ってサラダ、ひよこ豆のペーストなどの具材をはさんでサンドイッチのように楽しむのもおすすめ。

材料【4枚分】

強力粉　100g
水　60〜65㎖（湿気の多い時期は少なめに）
ドライイースト　小さじ1
塩　ひとつまみ

作り方

① ボウルにすべての材料を入れて混ぜ合わせる。よくこねて伸びるようになったら丸めて1つにする。
② ラップをして15分ねかせる。※
③ 生地を4等分して、丸く伸ばす。
④ 乾いた布の上に③を並べ、打ち粉をまぶす。上にも乾いた布をかぶせて20分ねかせる。※
⑤ テフロン加工のフライパンで両面がキツネ色になるまで焼く。

　※　生地をねかせる時間は室温によって調整する。冬場はさらに5分以上ねかせる。

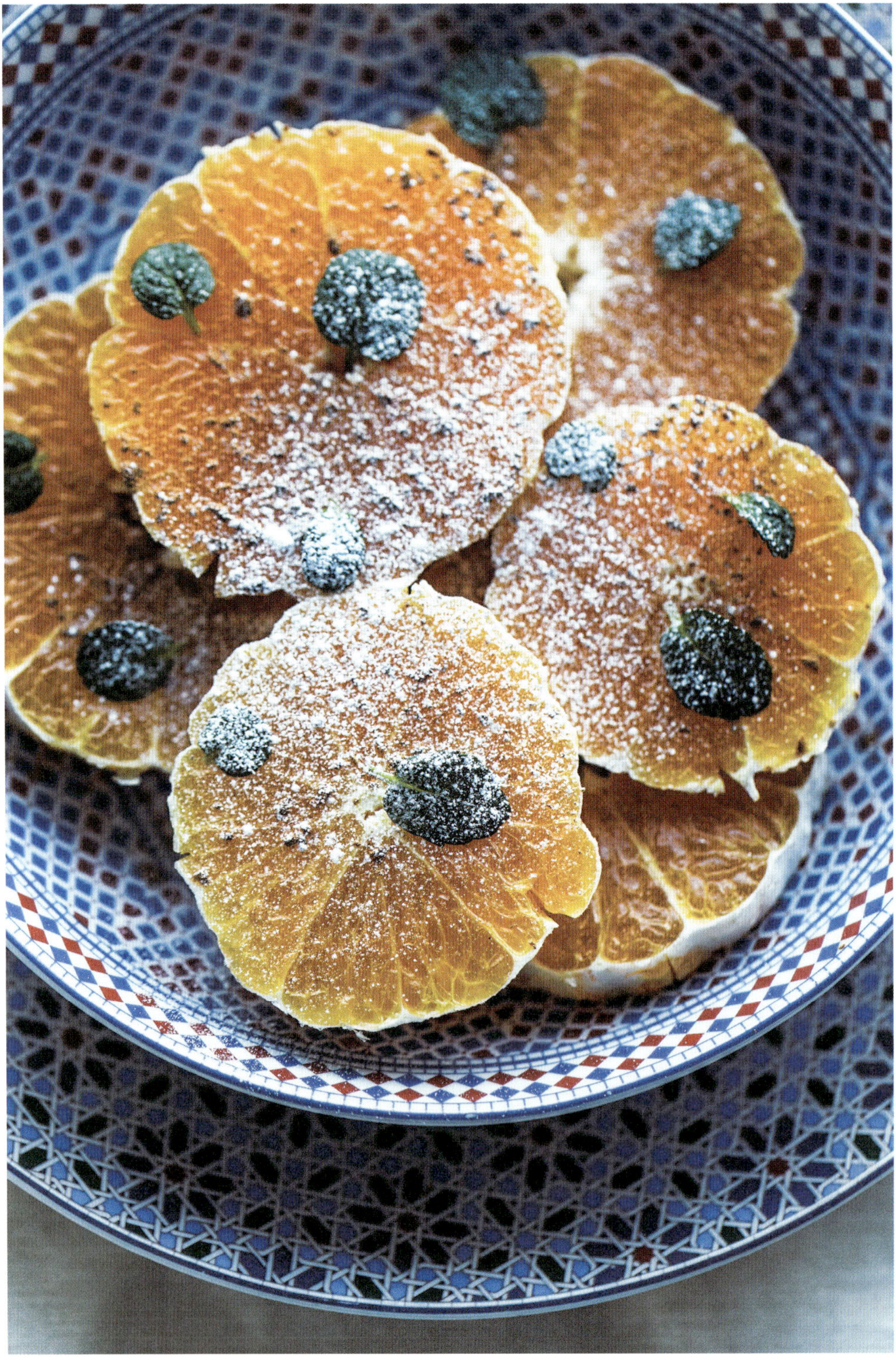

سَلَطَة اَلْبُرْتُقَال
## オレンジのサラダ

一年中あふれんばかりのフルーツがスークに並ぶモロッコで、一番人気といっても過言でないくらいよく食べられているオレンジ。生産量が多いためか、2kgのオレンジがおおよそ150円、絞りたてのオレンジジュースも50円ほど。そのままでも甘みは強いが、砂糖とシナモンパウダーをふりかけるのがモロッコ流。

### 材料【2人分】

オレンジ　2個
粉砂糖　小さじ1
シナモンパウダー　小さじ1
ミントの葉　6〜7枚

### 作り方

① オレンジの皮をむき、白いすじを取る。
② 1cmほどの厚みの輪切りにする。
③ 皿に並べて、粉砂糖、シナモンパウダーをふりかける。
④ ミントの葉をちらす。ハチミツとローストしたピスタチオをかけるのもおすすめ。

ナッツのおやつ（手前はアーモンドのチョコレートキャラメリゼ、奥はヘーゼルナッツのキャラメリゼ）

Chapter 3 》》 作って味わうモロッコ料理　115

## اَلْكَارَمِيلِيزِي
## ナッツのおやつ

菓子というと、圧倒的に甘いものを好む。しかし、ナッツ類はオーブンで香ばしく焼いたり、スタンドのような店で売っている塩をふりかけたものを食べる。ただし、お茶の時間には、砂糖やチョコレート、ハチミツなどで甘くキャラメリゼしたナッツを伝統菓子と一緒に食べる。

### كَارَامِيلِيزِي اَلْبُنْدُق
### ヘーゼルナッツのキャラメリゼ

#### 材料【作りやすい量】

ヘーゼルナッツ(皮付き)　200g
グラニュー糖　200g
水　200㎖

#### 作り方

① 鍋にグラニュー糖と水を入れ、5分ほど沸騰させる。
② ①にヘーゼルナッツを加え、時々木べらで混ぜ合わせながら15分ほど弱火にかける。
③ 火を止め、ナッツ同士がくっつかないように、2〜3分混ぜ続ける。
④ 皿に取り出し、粗熱をとる。

### كَارَامِيلِيزِي اَللَّوْز بَاَلشُّكُلَاطَة
### アーモンドのチョコレートキャラメリゼ

#### 材料【作りやすい量】

ローストした皮付きアーモンド　200g
ミルクチョコレート　100g

#### 作り方

① アーモンドを冷凍庫で1時間冷やす。
② ミルクチョコレートを湯せんで溶かし、①のアーモンドを加えてよく混ぜ合わせる。

## اَلْيَاغُورْت بِالتَّمْر
### デーツヨーグルト

砂漠という過酷な環境で生育するナツメヤシの果実、デーツ。カリウム、リン、鉄分などミネラルが豊富で栄養価がとても高い。ねっとりとした食感で非常に甘いが、ヨーグルトに合わせると酸味とバランスがとれて爽やかな味のおやつになる。

材料【4人分】

ヨーグルト 800㎖
[a]
- デーツ 10粒
- グラニュー糖 10g
- ベイリーフ 1枚
- タイム 1本
- 水 30〜40㎖

作り方

① デーツの種を取り除く。
② 鍋に[a]を入れて弱火で煮込みペースト状にする。
③ グラスにヨーグルトと②を入れる。

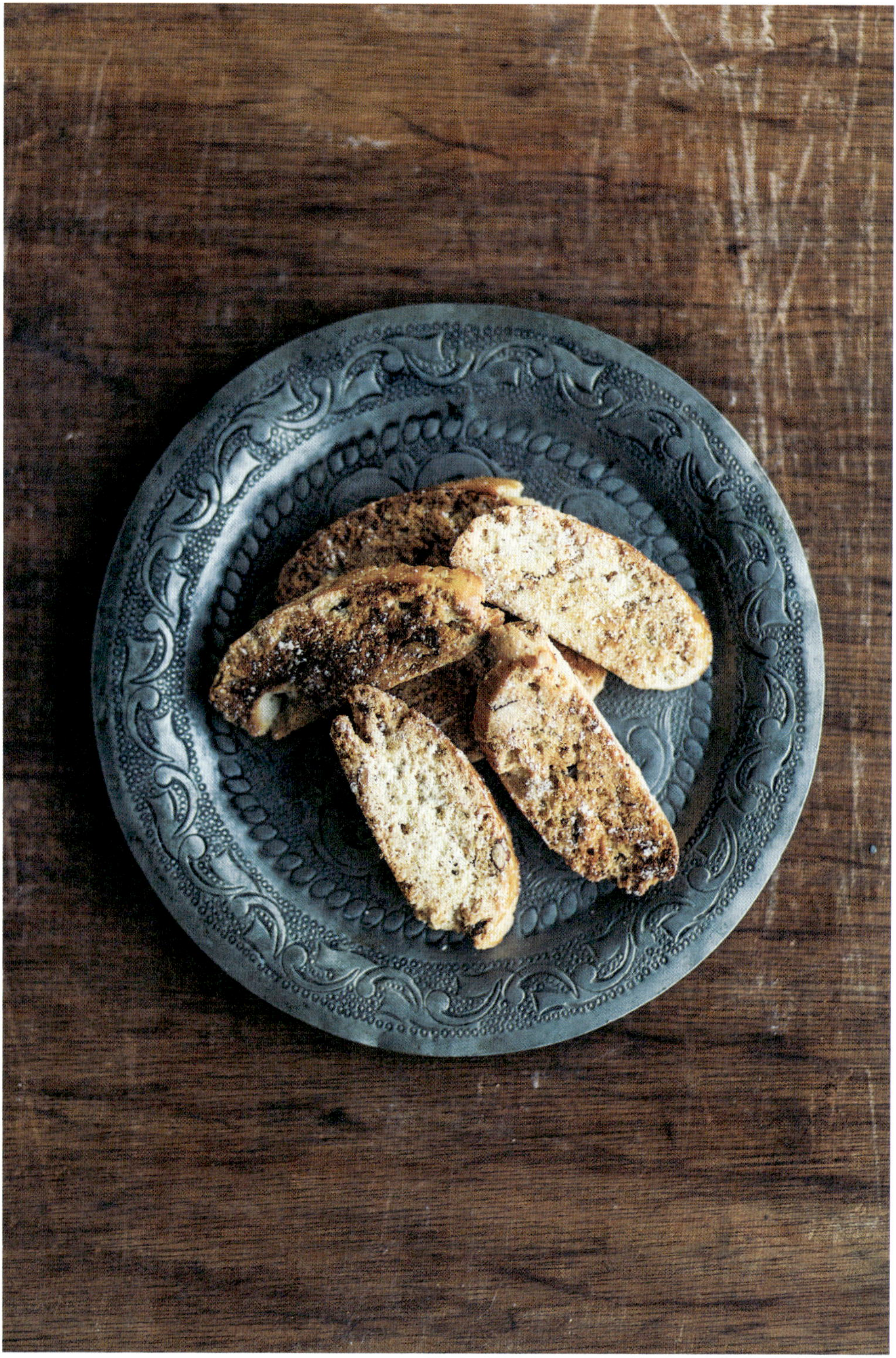

## حَلْوَة اَلْفَقَّاص
## フッカース

イタリアのビスコッティに似ているが、食感はサクサクと軽やか。伝統的なものは、アーモンド、レーズン、アニスシードという組み合わせが多い。カサブランカやマラケシュのモロッコ菓子のパティスリーでは、ピスタチオやクランベリー、チョコレートを入れたものも見かけるようになった。コーヒーに浸してもおいしい。

### 材料【20個分】

生アーモンド　60g
グラニュー糖　75g
卵　3個
バター　60g
アニスシード　大さじ1
小麦粉　300g
ベーキングパウダー　小さじ1

### 作り方

① バターは室温でもどしておく。生アーモンドをざっくりと刻み、小麦粉はよくふるいにかける。
② ボウルにグラニュー糖と卵を入れてよく混ぜる。
③ ②に生アーモンド、バター、アニスシードを加え混ぜる。更に、小麦粉、ベーキングパウダーを加え、手でよくこねる。
④ 厚み3㎝ほどの長方形にととのえ、165℃のオーブンで15分焼く。
⑤ 粗熱が取れたら、1㎝ほどの厚みに切る。切った面を上にして天板に並べる。
⑥ 再度165℃のオーブンに入れ、全体的にキツネ色になるまで15分焼く。

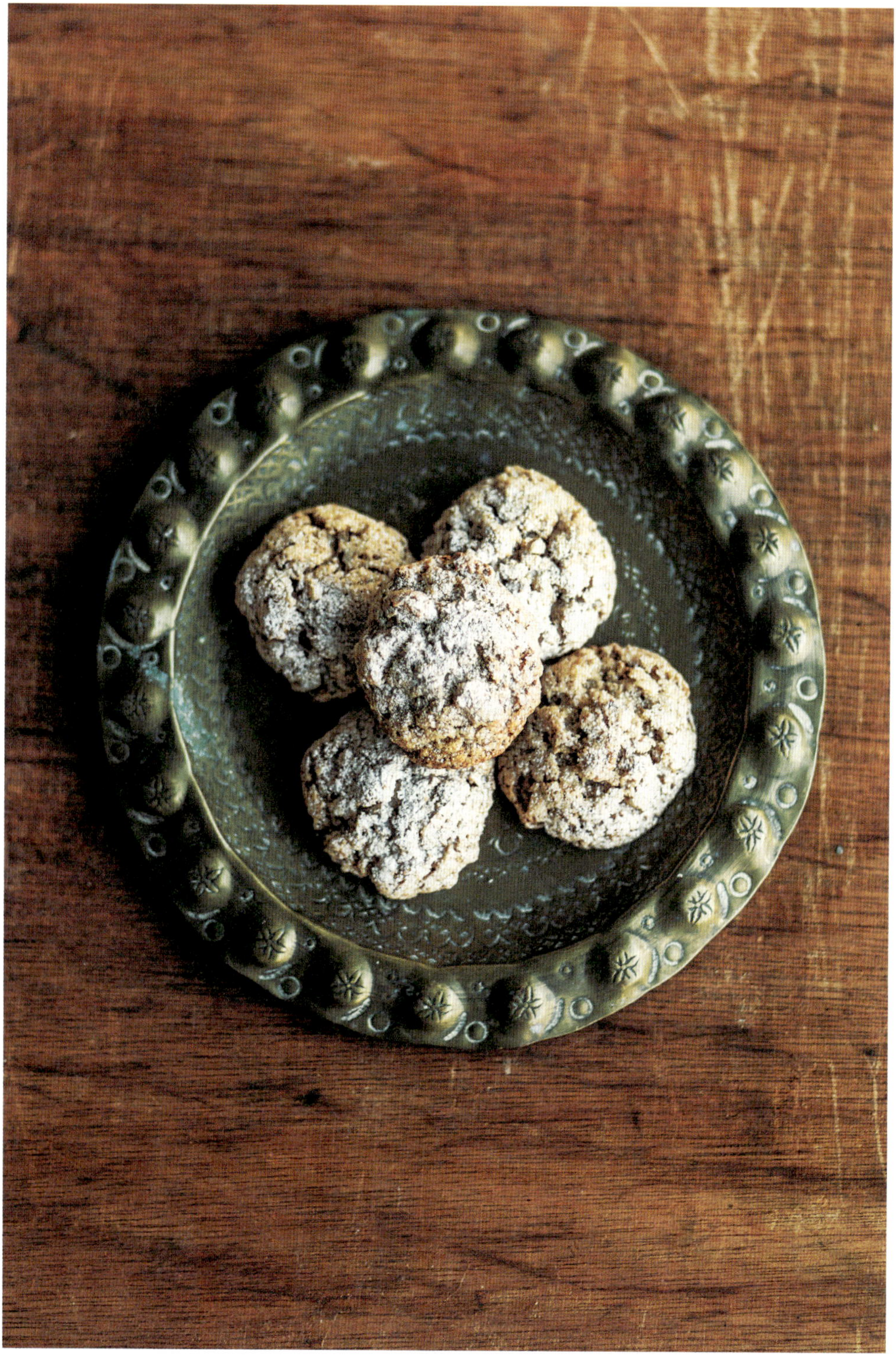

## حَلْوَة غَرِيبَة
## ゴリーバ

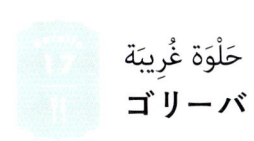

セモリナ粉で作るもの、すりゴマをたっぷり入れたもの、アーモンドやクルミだけで作るものなど種類が豊富。ここでは、クルミをたっぷり使うものを紹介。焼き立てはカリッと、数日置くともちっとした食感に。粉砂糖をたっぷりかけて焼くと、雪の結晶が表面についたようなかわいい仕上がりになる。

### 材料【20個分】
クルミ(みじん切り)　250g
[a]
- 粉砂糖　100g
- ベーキングパウダー　小さじ1/2
- 卵　1個
- オレンジフラワーウォーター　小さじ1

粉砂糖　大さじ2

### 作り方
① クルミと[a]をよく混ぜ合わせる。オーブンを160℃に予熱しておく。
② ①を直径3cmのボール型に丸め、オーブン用シートをひいた天板に並べる。
③ 160℃のオーブンで15~17分焼く。目安は全体的にキツネ色になるまで。
④ オーブンから取り出し、粉ふるいで粉砂糖をふりかける。

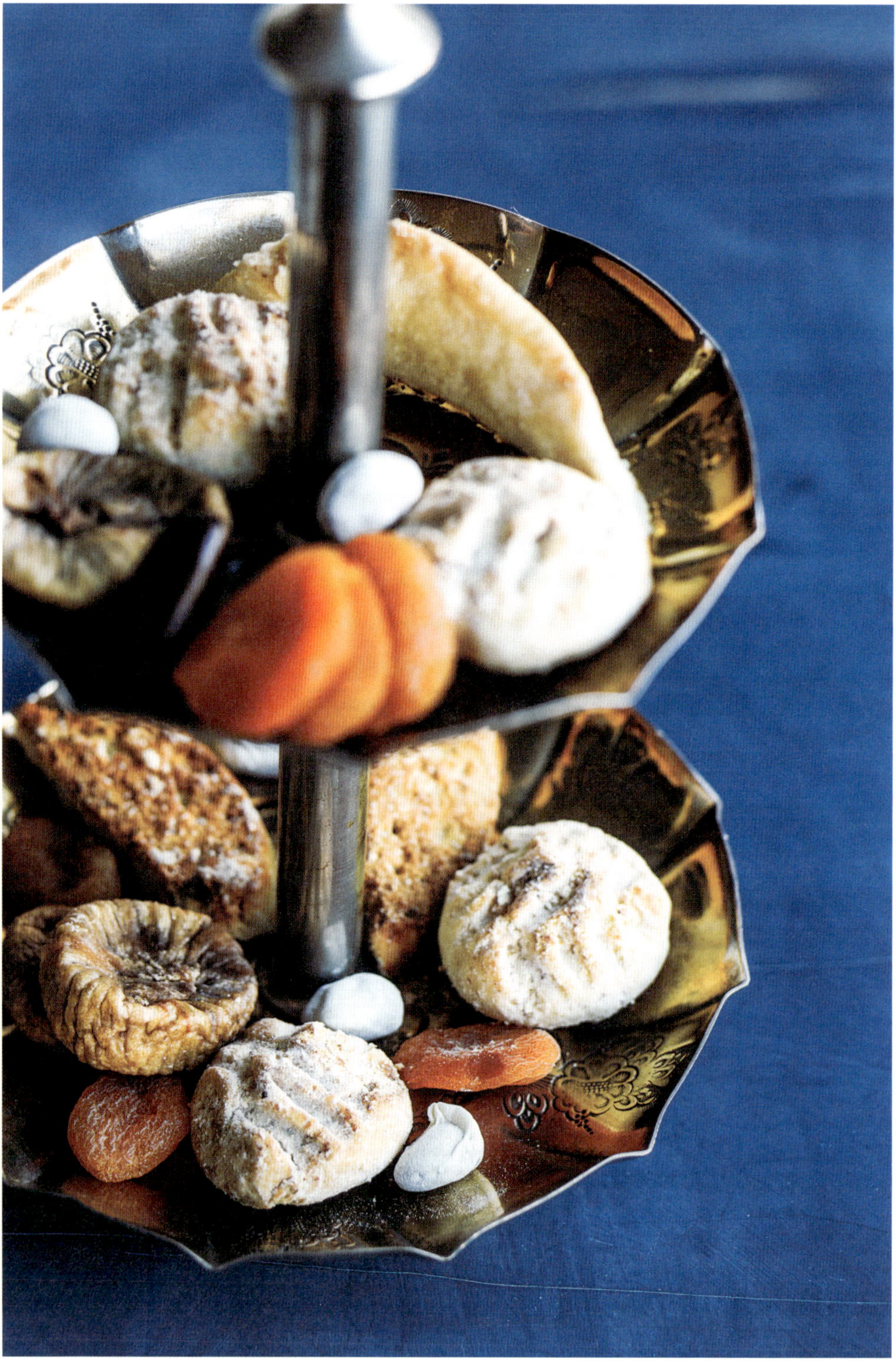

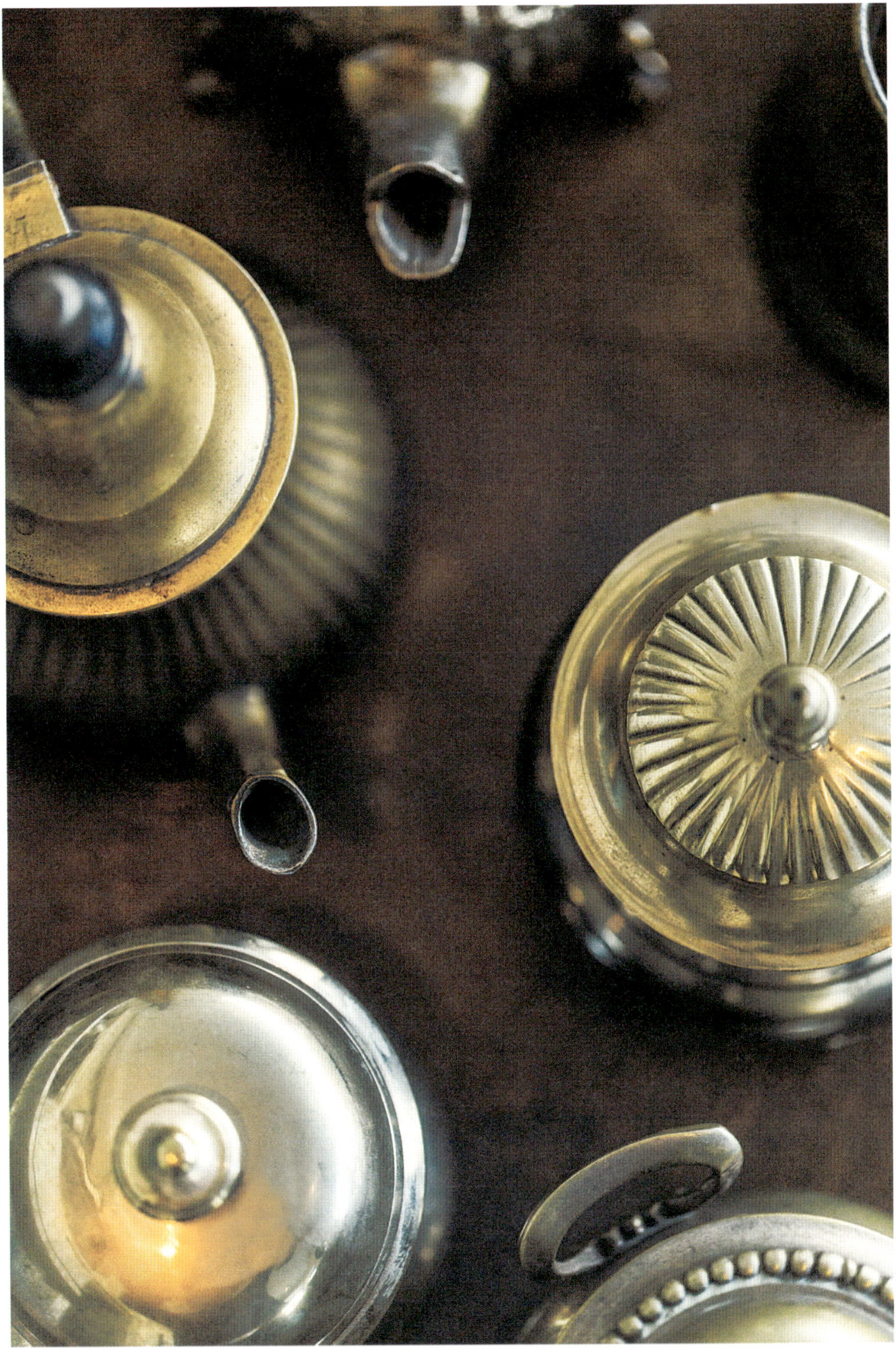

أَتَمَنَّى لَكَ رِحْلَةً جَمِيلَة

## おわりに

　この本を通じて、モロッコを楽しんでもらえただろうか。
　料理を味わうことは、その国の文化と暮らしを知ることだと思う。モロッコ料理を食べたことがある人は味を思い出しながら、まだ食べたことがない人は味を想像しながら、この本を読んでもらえたらうれしい。
　生まれたときから慣れ親しんできた自慢の料理について紹介できるチャンスをいただいたことは、僕にとって大きな意味のあることだった。料理について、妻と一緒に何度も何度も書き直しているうちに、自分でも意識していなかった料理の背景にある文化や習慣についても伝えることができたように思う。
　原稿を書いている間は、今までこんなに考えたことがないぞ！というくらい、ずっとモロッコ料理のことばかり考えていた。モロッコは歴史や文化が書物に記録される代わりに、語り部が存在する国だ。そのため、いくつかの事柄については何人もの語り部や年配の方々にインタビューした。とても大変な作業だったが、僕自身が知らないことを発見する貴重な体験だった。
　この本にはおいしい料理の数々を日本でも味わってもらえるようにとレシピを載せたが、人々を魅了するものがたくさんあるモロッコをいつか訪れてほしい。それまでは、この本のなかでおいしい旅を楽しんでもらいたい。

**アタマナーラカリフラジャミーラ**

（良い旅を！）

パティスリーmomo/café du maroc MOMO店主
エットハミ・ムライ・アメド
寺田なほ

### Ettouhami Moulay Ahmed
エットハミ・ムライ・アメド

モロッコ・カサブランカ生まれ。幼い頃より母に料理を学ぶ。モロッコとフランスで製菓と料理を学び、パティシエ、ショコラティエのディプロマを取得。モロッコ各地でシェフへの料理指導の経験を積み、2006年来日。現在は、「パティスリーmomo/café du maroc MOMO」(名古屋市)オーナーで、モロッコ料理教室「moroccan table」を主催するほか、文化施設、陶器メーカーなどで料理講師も務める。

### Naho Terada
寺田なほ

三重県生まれ。大学在学中のインド美術留学がきっかけで料理とスパイスに興味を持つ。その後、フランスとセネガルでデザインを学びながら仕事をしていた時にモロッコ料理に出会う。見た目の美しさ、味わいの深さに魅了され、現地に赴きさまざまな家庭やホテルのレストランでモロッコ料理を学ぶ。現在は、モロッコ料理教室「moroccan table」でモロッコ料理のほか、インド料理やセネガル料理の教室も開催している。

パティスリーmomo/café du maroc MOMO：
　www.darmomo.com
moroccan table：www.moroccan-table.com

写真　加藤新作
カバー/扉/P.8-9/P.15-17/P.25/P.28/P.30-33/
P.39上/P.46/P.54-55/P.59-63/P.65-67/P.71-75/
P.77-79/P.90-128

松岡宏大
P.3-4/P.5左中,右下/P.11-14/P.19-24/P.27/P.29/
P.35左/P.38/P.39左下,右下/P.40-43/P.45右/
P.47-49/P.52-53/P.57下/P.64/P.76右

佐藤加奈（Sugarcube）
P.5左下/P.34/P.35右/P.51/P.57上/P.81-82/P.87
左下

Mohamed BADAR Boukhalfa
P.5左上,右中/P.18/P.37/P.45左/P.69/P.83-86/
P.87右下

Loubna Ettouhami
P.58/P.76左/P.88-89

撮影協力　cafe suave　須永亜有美
　　　　　Ban Inoue(www.asa-ban.com)
デザイン　吉村 亮　大橋千恵　眞柄花穂(Yoshi-des.)
編集　　　堀野恵子（アノニマ・スタジオ）


## モロッコの台所

2015年6月16日　初版第1刷 発行

著者　　エットハミ・ムライ・アメド／寺田なほ
発行人　前田哲次
編集人　谷口博文
発行所　アノニマ・スタジオ
　　　　〒111-0051　東京都台東区蔵前2-14-14　2F
　　　　TEL.03-6699-1064　FAX03-6699-1070
発売元　KTC中央出版
　　　　〒111-0051　東京都台東区蔵前2-14-14　2F
印刷・製本　株式会社シナノパブリッシングプレス

内容に関するお問い合わせ、ご注文などはすべて上記アノニマ・スタジオ
までお願いします。乱丁本、落丁本はお取替えいたします。本書の内容を
無断で複製、複写、放送、データ配信などをすることは、かたくお断りい
たします。定価は本体に表示してあります。

©2015 Ettouhami Moulay Ahmed and Naho Terada, printed in Japan
ISBN 978-4-87758-737-6 C0095

アノニマ・スタジオは、
風や光のささやきに耳をすまし、
暮らしの中の小さな発見を大切にひろい集め、
日々ささやかなよろこびを見つける人と一緒に
本を作ってゆくスタジオです。
遠くに住む友人から届いた手紙のように、
何度も手にとって読み返したくなる本、
その本があるだけで、
自分の部屋があたたかく輝いて思えるような本を。